Rebecca Niazi-Shahabi
Oliver Sperl

Keine Geschenke erhalten die Freundschaft

PIPER

Rebecca Niazi-Shahabi
Oliver Sperl

Keine Geschenke erhalten die Freundschaft

Die schönsten Präsente von Fototasse bis Salzteigschmuck

Piper München Zürich

Mehr über unsere Autoren und Bücher:
www.piper.de

Von Rebecca Niazi-Shahabi liegen bei Piper vor:
Nett ist die kleine Schwester von Scheiße
Ich bleib so scheiße, wie ich bin
Zweimal lebenslänglich
Keine Geschenke erhalten die Freundschaft

MIX
Papier aus verantwor-
tungsvollen Quellen
FSC® C083411

Originalausgabe
November 2014
© 2014 Piper Verlag GmbH, München
Umschlaggestaltung: Oliver Sperl, Berlin
Umschlagabbildung: Albert Ziganshin, Fotolia.com (Männchen)/
Oliver Le Moai, Fotolia.com (Tasse)
Gesamtkonzept und Layout: Oliver Sperl und Rebecca Niazi-Shahabi, Berlin
Gestaltung der Kapitel-Trennblätter: Ulrike Barth-Musil, Potsdam-Babelsberg
Satz: Kösel Media GmbH, Krugzell
Gesetzt aus der T-Star
Papier: Munken Premium von Arctic Paper Munkedals AB, Schweden
Druck und Bindung: CPI books GmbH, Ulm
Printed in Germany   ISBN 978-3-492-30544-0

Inhalt

I-love-you-Bärchen   Salz- und Pfefferstreuer
Küchendeko   Aromakerze   CD

Parfum   Krawatte   Wein

Pralinen   Konfektschale   Motivtasse

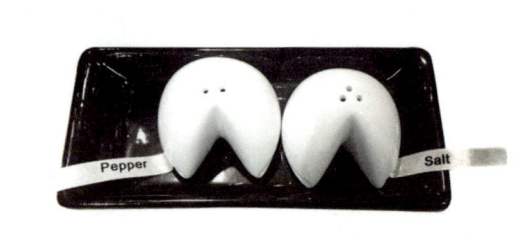

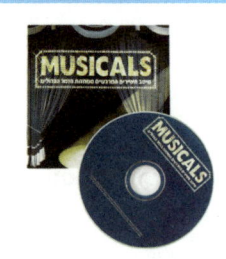

Wohnaccessoire

Vase
Salzteigkorb
Badezusatz

Windlicht
Öl- und Essigflasche

Blumen
Gutschein

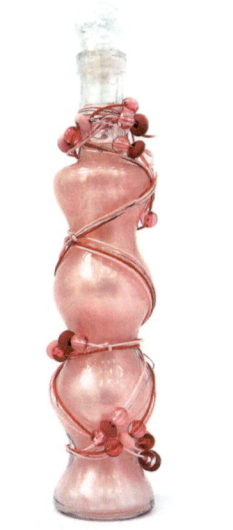

Geschenkgutschein

für _____
von _____
im Wert von ____ Euro

9

Schenk nicht so viel, damit du noch was schenken kannst.

Harry Rowohlt

Schon wieder steht man vor dem Bestsellerregal in der Buchhandlung des nächstgelegenen Einkaufszentrums. Eine Freundin hat Geburtstag und lädt zum Abendessen ein. In einer halben Stunde soll man da sein. Was fehlt, ist das Geschenk.

Man wird wütend und schämt sich im selben Moment dafür. Was kann denn die Freundin dafür, dass man nicht weiß, was man ihr schenken soll? Der Blick fällt auf einen mannshohen Aufsteller mit dem Aufdruck »Geschenkideen mit viel Gefühl«. Aber so tief ist man noch nicht gesunken, dass man zur Erlebnisbox mit den schönsten Liebesfilmen der 90er, inklusive Miniproseccoflasche und Stofftaschentuch zum Auffangen von Rührungstränen, greift. Das hat die Freundin nicht verdient.

Leider kann man ihr nicht einfach Schokolade mitbringen, denn sie ist ziemlich dick und man muss fürchten, dass sie das als Anspielung versteht. Kosmetika kommen nicht infrage, denn sie hat eine Allergie; gegen was, hat man vergessen. Blumen sind zu unpersönlich, den Kinogutschein vom letzten Mal hat sie bis heute nicht eingelöst. Die ganze Woche hat man gehofft, dass einem die zündende Idee schon irgendwann kommen wird, aber der Geistesblitz lässt immer noch auf sich warten und jetzt muss man hier etwas aussuchen, und zwar schnell.

Am Schluss lässt man sich von der Buchhändlerin einen Regionalkrimi einpacken: Man hat tatsächlich eine Kommissarin entdeckt, die in dem Kaff ermittelt, aus dem die Freundin kommt. In ihrer Freizeit kocht die Kommissarin gerne landestypische Spezialitäten und in ihrem vierten Fall macht sie mithilfe ihrer Rezepte einen Serienmörder dingfest, so steht es hinten auf dem Buch. An der Kasse liegt noch eine Packung Wohlfühlbonbons, die haben wenig Kalorien. Man zahlt und eilt mit seinem Verlegenheitsgeschenk zur U-Bahn.

Wo es von allem zu viel gibt, ist nichts das größte Geschenk.
Würden wir in einer Mangelgesellschaft leben, wäre es sehr viel einfacher, seinen Mitmenschen eine Freude zu bereiten. Wo Mangel herrscht, ist beinahe jede Gabe willkommen: Das Stück Schokolade, ein Päckchen Kaffee oder die wohlriechende Seife wären ein unerwarteter Luxus; kein Mensch würde mehr von Diät oder Allergien sprechen, sondern dem Geber vor Dankbarkeit um den Hals fallen. Heute werden die meisten Gaben zur Bürde: Der geschenkte Kaffee ist leider in der falschen Stärke gemahlen und kann nicht in der italienischen Espressomaschine verwendet werden, von den mit künstlichen Aromastoffen versetzen Pralinen bekommt der Empfänger Atemnot und der Strampelanzug mit dem aufgenähten SpongeBob entspricht nicht dem Geschmack der werdenden Mutter und muss daher umgetauscht werden.

Jedes Mal, wenn wir wieder verzweifelt auf der Suche nach irgendeiner Kleinigkeit durch die Kaufhäuser hetzen, drängt sich ein Gedanke auf. Er ist gewagt, revolutionär, eigentlich ungeheuerlich. Er lautet: Würden wir einander oft nicht mehr Freude bereiten, wenn wir uns einfach gar nichts schenkten?
Wir würden uns auf jeden Fall gegenseitig eine Menge ersparen. Niemand müsste sich mehr für uns den Kopf zerbrechen – und umgekehrt. Wir würden nur noch schenken, wenn wir zufällig etwas entdecken, von dem wir ganz sicher sind, dass es einer bestimmten Person eine große Freude machen würde. Geschenke sind wie Freunde – man sucht sie nicht, man findet sie.

Schenken ist nämlich verdammt kompliziert. Weil es beim Schenken eben nicht nur darum geht, dass der Beschenkte Geld spart, weil er sich das Geschenk sowieso kaufen wollte und nun nicht mehr kaufen muss. Ein Geschenk versinnbildlicht die Beziehung, die der Schenkende zum Beschenkten hat, beziehungsweise die, die sich der Schenkende für die Zukunft wünscht. Wie etwa die roten Rosen beim ersten Date.

Und niemals lassen sich Geschenk und Botschaft voneinander trennen – wer also rote Rosen verschenken möchte und nicht will, dass dies vom Gegenüber als romantischer Hinweis verstanden wird, sollte das besser lassen.

Selbst wenn ein Geschenk weder groß noch teuer ist, drückt es etwas aus. Doch das meiste, was uns auf den Geschenktischen von Kaufhäusern und Buchläden begegnet, ist leider nicht dazu geeignet, das auszudrücken, was wir eigentlich sagen wollen. Hersteller und Einzelhändler präsentieren immer neue Gimmicks, die nur produziert wurden, um verschenkt zu werden: Seifen in Form des Brandenburger Tors, Gummibärchen in Dackelgröße, Tischdeckensets, Unterhosen und Krawatten zum Selbergestalten, Duftkerzen in jeder erdenklichen Geschmacksrichtung, Schokolade für das Sternzeichen Stier, Fotobände mit den hundert niedlichsten Hundewelpen, Ballons mit eingeschlossenem Nippes, Figuren zum Hinstellen, Aufhängen und an den Rucksack knüpfen – also nichts, was irgendjemand auch nur ansatzweise haben wollte.

Solche Mitbringsel sind mehr als bloße Geldverschwendung. Unpassende Geschenke verärgern und brüskieren. Manchmal können sie eine Person auch traurig machen: Kennt mich mein Partner so wenig, dass er mir so ein Zeug schenkt? Oma wusste doch früher, was mir gefällt, warum weiß sie es jetzt nicht mehr? Unüberlegte Geschenke lassen Menschen an ihren Freundschaften und Beziehungen zweifeln, ein bis jetzt geschätzter Kollege oder eine Nachbarin erscheinen plötzlich suspekt, Verwandtenbesuche werden lästig.

Fototassen und Erlebnisboxen beweisen es: Ein Geschenk mitzubringen kann respektloser sein, als mit leeren Händen zu erscheinen – sogar bei Anlässen, zu denen ein Geschenk erwartet wird. Einer Person, die gerade beschlossen hat, eine Diät anzufangen, keine Schokolade mitzubringen, ist jedenfalls aufmerksamer, als mit der größten Pralinépackung vor ihrer Tür zu erscheinen, die man im Kaufhaus finden konnte. Auf den zwölften Blumenstrauß beim Besuch in der

Entbindungsklinik zu verzichten, kann höflich sein, denn schließlich sind ein Dutzend Sträuße in einem Zimmer nicht schöner als einer und außerdem erspart man der Empfängerin das lästige Suchen nach einer weiteren Vase.

In diesem Buch erfahren Sie die ungeschminkte Wahrheit; nämlich wie verzichtbar viele Geschenke für ihre Empfänger sind. Auf den folgenden Seiten ist alles versammelt, was Frauen, Männer und Kinder sich gegenseitig zu Geburts- und Feiertagen angetan haben. Staunen Sie also gemeinsam mit Ihren Freunden über absurde Kleinigkeiten und groteske Souvenirs, die Sie diesmal nicht mitgebracht haben. Erfreuen Sie sich an scheußlich-schönem Nippes, bei dem die Höflichkeitsfloskeln im Halse stecken bleiben, und fallen Sie einander vor Erleichterung in die Arme angesichts der selbstgemachten Katastrophen, die Sie sich gegenseitig erspart haben. Denn dieses Buch ist der perfekte Ersatz für Geschenke, die man sich echt schenken kann!

Haben Sie dieses Buch geschenkt bekommen, betrachten Sie es nicht als Geschenk, sondern als ehrenhaften Versuch des Gebers, Ihre Freundschaft nicht mit weiteren nutzlosen Mitbringseln zu belasten.

KAPITEL 1

Warum bekommen wir nie, was wir uns wünschen?

Die komplizierten Regeln des Schenkens

Der Mensch kann gegen seinen Willen überzeugt werden, aber nicht erfreut.

Samuel Johnson

Sie war blond, hatte endlos lange Beine und geile Titten und wir wollten sie haben. Und obwohl wir ihr so nah waren wie nie zuvor, war sie doch unerreichbar, denn meine Mutter hatte die Barbie, die uns mein Onkel mitgebracht hatte, gleich wieder konfisziert.

In den Augen meiner Eltern war die Barbie böse. Sie beeinflusste uns, wie, das wussten meine Schwester und ich nicht genau, aber allein ihr Anblick hatte die Kraft, unseren Charakter zu verderben. Und genau das machte sie so interessant.

Die Barbie, die uns mein Onkel zu Nouruz, dem persischen Neujahrsfest, mitgebracht hatte, war ein gutes Geschenk, denn es erfüllte uns einen Wunsch, den wir uns bisher nicht erlaubt hatten. Und er beschenkte mit der Puppe auch nicht die Mädchen, die wir gerade waren, sondern die Mädchen, die wir gerne werden wollten. Genau das zeichnet das perfekte Geschenk aus: dass es eine Entwicklung im Empfänger anstößt und bisher ungenutzte Potenziale in ihm weckt. Mit anderen Worten: Mit der Barbie hätten meine Schwester und ich ganz neue Seiten an uns entdecken können, wenn man sie uns denn überlassen hätte.

Selbst Kinder begreifen, dass ein Geschenk inspirieren, überraschen, bezaubern und anregen muss. Deswegen fühlen sie sich genau wie Erwachsene von allzu praktischen Geschenken betrogen. Eine neue Kiste, um die Spielzeuge hineinzuräumen, ein neues Paar Schuhe oder eine neue Bettdecke – das sind keine richtigen Geschenke, und wenn sie noch so teuer waren.
Es ist nämlich mitnichten der Zweck eines Geschenks, einen Mangel beim Empfänger zu beheben. Ruft man beispielsweise bei einer Essenseinladung kurz vorher an, um zu fragen, ob man noch etwas mitbringen soll, und der Gastgeber oder die Gastgeberin antwortet:»Es wäre toll, wenn du einen Liter Milch mitbringen könntest«, würde man nie auf die Idee kommen, die Milchtüte in Geschenkpapier einzuwickeln.

Beschenkt werden will das wildere, romantischere oder freiere Ich. Die ideale Gabe beschenkt den idealen Menschen. Aus diesem Grund brachten die Heiligen Drei Könige Caspar, Melchior und Balthasar selbstverständlich keine Windeltorte und keine gesteppte Tagesdecke für das Jesusbaby mit (obwohl es beides hätte gut gebrauchen können), sondern Gold, Weihrauch und Myrrhe für den zukünftigen Königssohn.

Manche Dinge sind kein Geschenk, und wenn man sie noch so kompliziert verpackt.

Der Name ist origineller als das Geschenk: Wurstwaldi, Nudelkuh

Falls das Spaßkondom nicht gehalten hat, gibt es später ein Windeldreirad.

In welchen Situationen soll der Beschenkte an Sie denken?

Kein Gebrauchsgegen-
stand, den die Geschenke-
industrie noch nicht für
sich entdeckt hätte.
Klopapier, verpackt als
Dankeschön, Japan

This is a very convenient doll.
If you need it,you can use this.
This doll will give you happiness.

COMBINATION DOLL

Thank you very much!

This is a very convenient doll.If you need it,
you can use this.This doll will give you happiness.

Eine »Focus«-Umfrage
ergab: Socken und Krawat-
ten ärgern am meisten.

Ein Geschenk soll eben selbst in den armseligsten Alltag Glanz und Fülle bringen. Im besten Fall nicht nur einem Herzenswunsch entsprechen, sondern sogar einen Wunsch erfüllen, von dem der Beschenkte nicht ahnte, dass er ihn hatte. Daher verbietet sich auch die Frage »Was wünschst du dir?«. Es gehört zu den Grundbedingungen des Schenkens, dass der Empfänger angeblich kein Geschenk erwartet und der Schenkende das Geschenk als Überraschung mitbringt. Eine offene Nachfrage »Was hättest du denn gerne?« verletzt diese Grundregel. Was immer man dann auch mitbringt – ein Geschenk ist es nicht mehr.

Dass diese Überraschung ziemlich oft danebengeht, merkt man unter anderem daran, dass sich an den Umfragen nach dem schrecklichsten Weihnachtsgeschenk, die jedes Jahr von Zeitungsverlagen und Radiosendern gestartet werden, Tausende Menschen beteiligen. Seltsam ist, dass offensichtlich immer wieder dieselben Fehler gemacht werden: Die Freunde, Partner und Eltern der Teilnehmer schenken zu praktisch, zu phantasielos, zu unpassend, zu egoistisch – und immer wieder Socken!

Man hält also alle Jahre wieder nicht nur ein Geschenk, sondern auch ein Rätsel in den Händen: Wohin genau soll ich mich mit einem Fünferpack Thermosocken entwickeln? Welche Seiten soll ich mit einem billigen Parfüm an mir entdecken? Welches Potenzial wird mit einer bedruckten Kaffeetasse in mir geweckt? Das Problem ist: Wie ungünstig die Geschenkbotschaften auch aufgenommen werden, die schenkende Person wird es leider nie erfahren. Eine weitere wichtige Schenkregel ist nämlich, dass man sich über ein Geschenk gefälligst zu freuen hat, ganz egal, wie schrecklich man es findet.

Weil es nicht gerade einfach ist, sich für manche Geschenke zu bedanken, ist es in Japan üblich, erhaltene Geschenke erst dann auszupacken, wenn man wieder allein ist. Für einen Japaner ist es eine schreckliche Vorstellung, dass man angesichts der Scheußlichkeit, die unter dem Geschenkpapier zum Vorschein kommt, die Kontrolle über seine Gesichtszüge verliert und das Vortäuschen von Freude misslingt. Für einen Europäer übrigens auch.

Wie verzweifelt unsere Verwandten, Freunde und Kollegen versuchen, etwas Passendes für uns zu finden, merken diejenigen von uns, die irgendwann einmal in ihrem Leben etwas gesammelt haben, Enten aus Porzellan zum Beispiel oder hübsche Kaffeedosen aus aller Welt. Begeistert greifen unsere Mitmenschen diesen Spleen auf, verbuchen uns als einen Kandidaten, um den man sich in dieser Hinsicht nie wieder den Kopf zerbrechen muss. Absolut immun sind sie gegen unsere Beteuerungen, dass wir dieses Hobby schon längst aufgegeben haben. Bis an unser Lebensende werden wir Porzellanenten und Kaffeedosen entgegennehmen müssen, um anschließend damit die Kisten in unserem Keller zu füllen.

Inzwischen haben viele Menschen den Glauben daran verloren, dass irgendjemand auf dieser Welt weiß, was ihnen gefallen könnte. Sie sind sogar bereit, den Rest ihres Lebens auf Überraschung und Inspiration zu verzichten, damit die Material- und Geldverschwendung in Form unsinniger Geschenke endlich ein Ende hat. Das ergeben zumindest mehrere Studien aus den letzten Jahren. Die Amerikaner Francesca Gino und Francis Flynn fanden zum Beispiel heraus, dass sich die Teilnehmer ihrer Studie »Give them what they want« am meisten über Geschenke freuen, von denen sie vorher gesagt hatten, dass sie sie geschenkt bekommen wollten. Ein bestelltes Geschenk – ein Paradoxon, aber immer noch besser als Socken oder Haushaltsgeräte.

Man kann doch nicht zum Sammler werden, nur damit die Freunde wissen, was sie einem schenken sollen.

Dekofigur
Decor figure • Оксана figure • Chinese figure
Dekoráció figurka • Dekoráción a figirka •
dekohoro • figulo amerauisma

2 ⁹⁹ €

3 ¹⁵ €

In Zukunft teilen wir einander also mit, was wir geschenkt haben wollen, und am besten erklären wir noch, wo man unser Geschenk am günstigsten bekommt. Wer zu den komplizierten Menschen gehört, die meinen, sich ihre Blumen zum Hochzeitstag nicht beim Partner bestellen zu können, weil sie sich nur über einen Blumenstrauß freuen, den der Partner von sich aus mitbringt, wird weiterhin mit schlimmen Enttäuschungen und ernsthaften Beschädigungen des eigenen Geschmackssinns rechnen müssen.

Die sechs Nachteile von Geschenken

NACHTEIL NUMMER 1:
GESCHENKE BELEIDIGEN UNSER ÄSTHETISCHES EMPFINDEN.

Sieht so echte Wertschätzung aus?

NACHTEIL NUMMER 2:
GESCHENKE SIND VOLLKOMMEN ÜBERFLÜSSIG.

↓
Produktbeschreibung auf
der Rückseite:

»Wie heißt es doch so
schön: ›Nichts ist so, wie
es scheint.‹ – Wie leicht
sich Ihre Augen irren können, zeigt dieser knifflige
Puzzlespaß, der die Sinne
durcheinanderwirbelt.
Viel Spaß damit!«

Achtung:
Inhalt nicht essbar!

Um ein ähnlich sinnloses
Geschenk zu finden, mit
dem man sich für diese
Gewürzdeko revanchieren
kann, wird man lange
suchen müssen.

NACHTEIL NUMMER 3:
VON DEN GESCHENKEKLASSIKERN HAT MAN BEREITS MEHR ALS GENUG.

Geschenkeklassiker Motivtasse für jede Gefühlslage

NACHTEIL NUMMER 4:
GESCHENKE SIND ZU BILLIG.

Kosmetika zum Verschenken sind meist originell verpackt, allerdings ist der Inhalt von so minderwertiger Qualität, dass man sich auch nach Jahren nicht entschließen kann, sie zu benutzen.

NACHTEIL NUMMER 5:
GESCHENKE SIND BELIEBIG.

Wenn ich die Geschichte
vom Pudding fertig gelesen
habe, lese ich über den
Bodensee ...?

KAPITEL 2

Muss ich mich für so was bedanken?

Die wahre Natur eines Geschenks

Schenken heißt knechten.

Jean-Paul Sartre

Ein Mann aus Mecklenburg-Vorpommern schenkt seiner Ehefrau sein Haus, zumindest fast. Sie darf, solange sie lebt, in seinem Anwesen wohnen, und zwar selbst im Falle einer Trennung. Ein großzügiges Geschenk, die Frau freut sich. So ist sie selbst nach einer Scheidung materiell abgesichert und muss nicht mehr anschaffen gehen. Die Frau hat nämlich, bevor sie den Mann geheiratet hat, als Prostituierte gearbeitet, und die Bedingung für das Geschenk war, damit in Zukunft aufzuhören.

Nach ein paar Monaten findet der Mann heraus, dass die Frau es mit ihrem Versprechen nicht so genau nimmt und ihre alte Tätigkeit wieder aufgenommen hat. Der Mann lässt sich scheiden und kann am gleichen Tag seine Sachen packen. Er bereut alles, die Frau, die Heirat, sein Versprechen, und geht vor Gericht. Und tatsächlich: Die Frau muss das Geschenk zurückgeben, will heißen, die Bude räumen. Denn auch der Richter findet, die Frau hätte dankbarer sein müssen.

Wer also ein Sportcoupé als Geschenk von seinem besten Freund annimmt, ihm dann seine Geliebte ausspannt und just in diesem Wagen mit ihr auf eine Liebesreise nach Italien fährt, kann nicht damit rechnen, das schöne Auto nach seiner Rückkehr behalten zu dürfen. Grober Undank wird ein solches Verhalten von Juristen genannt und es berechtigt den Schenkenden, sein Geschenk zurückzufordern – und das bis zu neun Jahre lang. Man ist also von Gesetz wegen neun Jahre lang zur Dankbarkeit gegenüber dem Schenker verpflichtet.

Das ist erstaunlich, lautet doch die Definition eines Geschenks, dass eine Person einer anderen einen Gegenstand oder eine Dienstleistung unentgeltlich und absolut bedingungslos überlässt. Andernfalls wäre es ja kein Geschenk, sondern Bestechung.

Aber wir alle wissen, dass es sich in Wirklichkeit anders verhält. Wer uns etwas schenkt, erwartet eine ganze Menge, manchmal sogar Unzumutbares. Als Erstes erwartet die schenkende Person Dankbarkeit, dann erwartet sie, dass man ihr Geschenk würdigt, indem man es trägt, benutzt, aufhängt oder hinstellt. Und zu guter Letzt rechnet sie fest mit einem Gegengeschenk. Meist mit einem, das ein ganz kleines bisschen mehr wert ist als die Geschmacklosigkeit, die sie selbst verschenkt hat. Schenken ist eine Utopie.

Small Gift Big Smile

↑
Müsste es hier nicht heißen »big gift – small smile«?

Hinter jedem Geschenk steht die Androhung von Schlägen.

Ventilanhänger

5,99

PREIS

ABGEFAHRENE GESCHENKE
Eins für dich, eins für mich!

Eine Gabe, so der französische Philosoph Jacques Derrida, sei eine unmögliche Möglichkeit, ein Paradox, weil nämlich das Konzept des Schenkens jede Erwartung geradezu ausschließt. Aber meistens ist es so, dass wir Geschenke überhaupt nur deswegen bekommen, weil etwas von uns erwartet wird. So wurde beispielsweise die weihnachtliche Bescherung von Anfang an zu Erziehungszwecken genutzt. Als es sich im 19. Jahrhundert auch normale Menschen leisten konnten, Kindern Spielsachen zu schenken, wurde dafür natürlich als Gegenleistung gefälliges Verhalten eingefordert. Außer Artigsein können Kinder auch kaum etwas zurückschenken.

Aber nicht nur Kinder werden mit Geschenken erzogen. So ist der Vorteil an Geldgeschenken, dass der Beschenkte sich von dem Geld genau das kaufen kann, was seinen Wünschen entspricht. Doch manche Menschen um uns herum sehen sich damit offensichtlich der Möglichkeit beraubt, mit ihrem Geschenk didaktisch auf uns einzuwirken.

Klar, denn wenn wir Geld bekommen, werden wir wohl kaum in den nächsten Laden rennen und uns das neueste autogene Training gegen Nervosität, die Fitnessanleitung für die tägliche Morgengymnastik oder das praktische Haushaltsgerät kaufen. Alles Dinge, die immer wieder verschenkt werden und wenig echte Dankbarkeit hervorrufen. Dass einem weder die beste Freundin für das Anti-Cellulite-Gel noch der Liebste für das Buch mit dem Titel »Stärke deine Männlichkeit« um den Hals fallen werden, scheint nicht allen klar zu sein. Deswegen hier in aller Deutlichkeit: Zu gut gemeinte Sachgeschenke sind äußerst unbeliebt.

Diese Verbesserungs-
vorschläge kann man
sich schenken.

↑
Chakrakerze zum Reinigen
der Aura

Aber nicht nur zu gut gemeinte, auch zu teure Geschenke können demütigend sein. In dem Film »Der Körper meines Feindes« kommt der Gewerkschaftersohn François Leclercq in das Elternhaus seiner Geliebten, der Tochter eines reichen Unternehmers. Die Eltern nehmen die Eskapade ihrer Tochter mit ironischer Toleranz zur Kenntnis. Als François erwähnt, dass er am nächsten Morgen mit dem Zug nach Paris fahren werde, sagt die Mutter, dass auch sie zufällig nach Paris fahren müsse und Monsieur Leclercq solle ihr die Freude nicht nehmen, sie im Erste-Klasse-Abteil zu begleiten.

»Das ist doch großartig von Mama«, flüstert seine Freundin ihm zu, »sie wird dir das Ticket selbstverständlich bezahlen.«

»Sehr großzügig«, ärgert sich François. »Und als Dank darf ich ihr einen Rosenstrauß schicken, der mich mehr kostet, als wenn ich zweiter Klasse gefahren wäre.«

Das Problem an Geschenken ist also, dass auf jeden Fall Dankbarkeit erwartet wird, ganz gleich, wie unpassend sie sind. Manchmal aber hat man Glück und wird von der Pflicht einer angemessenen Erwiderung befreit.

Am besten hatten es in dieser Beziehung die Freunde des Zeichners und Grafikers Horst Janssen. Der überschüttete sie bei verschiedenen Gelegenheiten mit Geschenken, meist Zeichnungen und Radierungen von ihm selbst. Aber noch bevor die Beschenkten darüber nachgrübeln konnten, was sie denn dem Meister zurückschenken könnten, nahm er ihnen die Bilder wieder weg, zerriss sie vor deren Augen oder verbrannte sie im Garten – je nach Stimmung. Manchmal aber ließ er sie auch einfach von seinem Assistenten abholen, weil er vergessen hatte, dass er die betreffende Zeichnung schon verkauft hatte.

Auf jeden Fall konnten die Freunde Horst Janssens damit rechnen, von ihrer drückenden Dankesschuld befreit zu werden, noch bevor sie sich in Unkosten gestürzt hatten. Und interessanter als der übliche Geschenkereigen war so ein Erlebnis allemal.

Zu teure Geschenke sind immer auch eine Erpressung.

Für den Disney-Micky Zauberer aus der SWAROVSKI Limited Edition 2014 muss man schon sehr, sehr brav sein.

Alles, was das Herz nicht begehrt:

ZU PRAKTISCH

←

Kartoffelschälset mit Metall-Schutzhandschuh, Tomatenentkerner

ZU UNROMANTISCH

Romantik ist das Andere, das Besondere, das Außeralltägliche. Wenn Sie also für jemanden romantische Gefühle empfinden, schenken Sie ihm nichts, was den Alltag erleichtert.

ZU OBSZÖN / ÜBERGRIFFIG

↓

Weinflaschenverschluss

Werkbundarchiv – Museum der Dinge

→

Die Soldatenuhr weckt mit Marschmusik und einem gebrüllten »Good morning«.

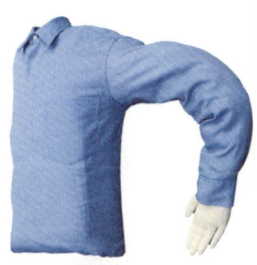

Auch als Geschenk für einsame Freundinnen ist das Boyfriend-Kissen ideal. Überraschen Sie Ihre beste Single-Freundin mit dem kuscheligen Ersatz-Mann.

ZU TEUER

ZU TEUER

ZU ORIGINELL

↙↙
Coffee-to-go-Becher im
Kameraobjektiv-Look
↙
Büroklammern
↓
Zahnseidespender

Nehmen ist Erbarmen. Das jedenfalls fand Friedrich Nietzsche – bevor er wusste, dass es Tulpenteelichter gibt.

Die erste alte Tante sprach:
»Wir müssen nun auch dran denken,
was wir zu ihrem Namenstag
dem guten Sophiechen schenken.«

Darauf die zweite Tante kühn:
»Ich schlage vor, wir entscheiden
uns für ein Kleid in Erbsengrün,
das mag Sophiechen nicht leiden.«

Der dritten Tante war das recht:
»Ja«, sprach sie, »mit gelben Ranken!
Ich weiß, sie ärgert sich nicht schlecht
und muss sich auch noch bedanken.«

Wilhelm Busch,
»Drei alte Tanten«

KAPITEL 3

Und das soll Liebe sein?

Was sich liebt, das schenkt sich nichts

Was aus Liebe getan wird, geschieht immer jenseits von Gut und Böse.

Friedrich Nietzsche

Saskia wird von einer männlichen Stimme geweckt. Im ersten Moment ist sie irritiert, doch dann fällt es ihr ein: Stefan und sie haben ihre erste Nacht zusammen verbracht. Er steht vor dem Bett, er ist angezogen, dunkel erinnert sie sich, dass er am Abend zuvor angekündigt hat, dass er am nächsten Morgen früh aufstehen müsse.

»Trinkst du das noch?«, fragt ihr neuer Liebhaber.

Er hält ihr eine halb volle Weinflasche vors Gesicht. Sie wundert sich über diese Frage, warum sollte sie zu so früher Stunde ein Glas Wein trinken? »Nein«, murmelt sie und schließt die Augen.

»Dann nehme ich ihn mit, war nämlich nicht billig«, hört sie ihn noch sagen.

Zwei Stunden später räumt sie den Tisch ab, an dem sie und Stefan gestern Abend gegessen, getrunken und sich leidenschaftlich geküsst haben. Plötzlich wird ihr klar, was die Szene, die sie vorhin halb im Traum erlebt hat, bedeutet. Stefan hat den Wein, den er gestern als Gastgeschenk mitgebracht hat, wieder zugekorkt und mitgenommen.

In jeder Frauenzeitschrift kann man es lesen, in keiner Kontaktanzeige bleibt es unerwähnt: Frauen suchen einen großzügigen Mann. Geiz macht einen Mann unattraktiver als ein dicker Bauch oder eine Glatze. Wenn ein Mann nicht schenken kann, braucht er auch kein Sixpack mehr.

Meine Freundin Saskia hat sich kein weiteres Mal mit Stefan getroffen. Wer nämlich schon am Anfang einer Beziehung seine Knickrigkeit kaum verbergen kann, wird später erst recht nicht die Spendierhosen anziehen.

Geizige Menschen sind geizig, weil sie nicht rechnen können. Was kostet eine halbe Flasche Wein, die im Ausguss verschwindet, weil die Geliebte nicht weiß, wie teuer sie war? Packt man diese halbe Flasche wieder ein, kostet sie auf alle Fälle die Beziehung. Lieber bringt man gar nichts mit, als etwas unter Vorbehalt zu schenken.

Und genau deswegen kann man geizige Freunde oder Kollegen nicht leiden: Man verachtet sie nicht, weil man auf ihre kleinen Aufmerksamkeiten nicht verzichten könnte – denn notfalls kauft man sich den Cappuccino, den Schokoriegel oder den Prosecco selbst. Die Dummheit ist es, die man geizigen Menschen nicht verzeihen kann. Denn die Geschenke, mit denen man das Herz eines anderen gewinnt, müssen, ja dürfen nicht einmal teuer sein.

Einem Geizhals wie Stefan müsste es eigentlich entgegenkommen, dass man einer Frau am Anfang Blumen, Wein und Schokolade mitbringt, aber auf gar keinen Fall Parfüms, Brillianten oder Pelze. Ist ein Mann am Anfang zu großzügig, dann weiß die Frau genau, wie sie sich für diese Gaben zu revanchieren hat. Auch eine Frau, die kurz nach dem Kennenlernen Reisen und einen Sportwagen spendiert, will nicht um einen Mann werben, sondern ihn kaufen. Selbst in langjährigen Beziehungen, das ergab eine Studie im Auftrag der Frauenzeitschrift »Freundin«, werden die Menschen noch misstrauisch, wenn sie vom Partner ungewohnt großzügig beschenkt werden. Nur durch kleine Aufmerksamkeiten drückt man echte Zuneigung aus.

Teure Geschenke belasten die Beziehung. Die Geschenkeklassiker Schmuck und Parfüm führen besonders häufig zum Streit, weil der beschenkte Partner diese Gaben nicht so ohne Weiteres in der hintersten Ecke verschwinden lassen kann, wenn sie ihm nicht gefallen. Ein zu aufwendig beschenkter Partner befindet sich im schlimmsten Dilemma, in dem sich ein Mensch befinden kann: Er soll etwas empfinden (hier echtes Entzücken), was er nicht empfinden kann, von dem er aber selbst glaubt, es empfinden zu sollen. Glücklich macht eine solche Situation nicht.

Dabei ist es normal, dass die meisten nicht wissen, was sich der Partner wirklich wünscht. Liebe ist nicht, wenn man genau sagen kann, welchen Duft der andere liebt, welche Kleiderschnitte ihm gefallen und was seine Lieblingsfarbe ist. Jedenfalls keine spannende Liebe.

Was will man lieber: Spannung, Aufregung und Sex – oder Geschenke?

←
Ich liebe dich – und jetzt wasch ab.
Spülmittel mit Schwamm.

↑
Sobald man einander Dinge mit Herzchen schenkt, beginnt die Liebe zu sterben.
←
Tee passt in diese Minikännchen nicht rein, aber ganz, ganz vieeel Liebe!

Was drinsteckt, darf nicht draufstehen.

Erst wenn der letzte Lolli, die letzte Schokolade und die letzte Nudel mit Liebe aufgeladen wurden, werdet ihr merken, dass man Liebe nicht essen kann.

Ein Liebesgeschenk darf albern sein, nutzlos oder lächerlich, nur eines darf es nicht: Nie, nie, nie darf draufstehen, was man für den anderen empfindet!

Etwas Unbeschreibliches und Unerklärliches wie die Liebe sollte unbeschrieben und unerklärt bleiben. Es kann natürlich passieren, dass man sich in einer besonders romantischen Situation hinreißen lässt, der oder dem Geliebten ein »Ich liebe dich« ins Ohr zu hauchen oder im Überschwang der Gefühle einer Freundin zu gestehen, dass sie die beste aller Freundinnen ist. Echte Liebe wird darüber hinwegsehen. Wem solche Geständnisse allerdings zu leicht von den Lippen gehen, bringt sich in den Verdacht, etwas herbeireden zu wollen, was er nicht empfindet.

Worte können vergessen werden, Geschenke nicht.

Hier sind die Geschenke leider haltbarer als das Gefühl.

Schenkt man nun etwas, auf dem das, von dem man lieber selten spricht, auf-gedruckt oder eingenäht ist, ist es, als würde man dem Partner quasi sekündlich mitteilen, wie sehr man ihn liebt. Sobald das Präsent ins Blickfeld des Partners gerät, wird er mit der Liebesbotschaft bombadiert – ob er nun in der Stimmung dazu ist oder nicht.

Wer liebt, schweigt. Wer lieben möchte, fährt gemeinsam nach Paris, kauft ein billiges Vorhängeschloss, lässt seine Namen eingravieren und bringt damit Kulturdenkmäler zum Einsturz. Wer liebt, dem fallen Mittel und Wege, wie er seine Liebe beweisen kann, von selbst ein. Romantik existiert im Verborgenen, kennt keine Vorschriften, keine Jahreszeiten, keine Liebeskettchen. Liebende sind Revolutionäre im Kampf gegen Kitsch, Konsum, Konvention und Unwahr-haftigkeit. Für alle anderen bleibt der Valentinstag.

Rettet eure Liebe, ignoriert den Valentinstag!

SMILE
TILL YOUR FACE HURTS

LOVE
LIKE YOU HAVE NEVER BEEN HURT

DREAM
LIKE THERE ARE NO IMPOSSIBILITIES

Wir sollten uns von niemandem vorschreiben lassen, wie wir zu lächeln, zu träumen oder zu lieben haben. Und schon gar nicht von Geschenkartikelherstellern mit bizarren Ideen.

Liebesgeschenke sollte
man natürlich immer
annehmen, aber niemals
analysieren.

KAPITEL 4

Habe ich das nicht schon?

Die Erfindung des Geschenkartikels

Der Verfall des Schenkens spiegelt sich in der peinlichen Erfindung der Geschenkartikel, die bereits darauf angelegt sind, dass man nicht weiß, was man schenken soll, weil man es eigentlich gar nicht will.

Theodor W. Adorno

Geschenkartikel
Schreibwaren

Schnell weg, bevor der
aufmacht.

Alle waren schon dort gewesen, ich war die Letzte, die es erfuhr. Meine Freundin Ute fragte entgeistert »Du hast noch nie reingeschaut? Dabei gibt es da so irre Sachen!«, als ich ihr gestand, dass ich nicht einmal wusste, wo sich dieser sagenumwobene Ort befand. Sie führte mich in den ersten Geschenkeshop unserer Stadt. Was man dort kaufen konnte, war wirklich irre. Lauter Dinge, die ich nie zuvor gesehen hatte und alle haben wollte: Bunte Glasschüsseln in allen Größen, Buchstabenkerzen, die man zu seinem Namen zusammenstellen konnte, Trinkgläser mit Wolkenmotiven, durchsichtige Locher und Hefter, Tee mit Kirsch- oder Vanillegeschmack, den Kandis in Herzform schon dazugepackt, glitzernde Aufkleber für die Federtasche und vieles mehr. Ich kaufte für mich und meine Schwester zwei große, bunte Spiral-Trinkhalme, die das Trinken von Apfelsaft zum einzigartigen Vergnügen machen würden.

»Die macht ihr aber schön alleine sauber«, sagte meine Mutter, als ich ihr die Trinkhalme zeigte. Ich begriff erst, was sie meinte, als ich die ersten Schimmel- klümpchen mit meinem Apfelsaft einsog, denn natürlich war es mit einem kurzen Durchspülen der vielen Windungen nicht getan. Man hätte nach jedem Gebrauch mindestens eine Badewanne voll Wasser und eine Viertelstunde investieren müssen, um das Plastikmonstrum sauber zu bekommen.

Trotzdem waren Ute und ich mindestens einmal die Woche im Geschenkeshop; es verstand sich von selbst, dass man sich als Erstes hier nach einem Geschenk umsah, wenn man zum Geburtstag einer Schulkameradin eingeladen war. Auch kurz vor seinem eigenen Geburtstag ging man hin, suchte sich etwas aus und ließ dann im Gespräch auf dem Schulhof fallen, was man sich dort als Nächstes kaufen würde, sobald man es sich leisten könnte.

Doch die Faszination ließ nach, als man feststellte, dass die Kaffeetafel der Freundin just mit den Leonardo-Gläsern gedeckt war, die man als Geschenk dabeihatte. Und lud man selbst zum Geburtstag ein, musste man damit rechnen, nicht ein, sondern gleich vier Exemplare der gewünschten Tee- und Kandis- Geschenkpackung überreicht zu bekommen.

↑
Geschenk

→
Kein Geschenk

Damals war eine ganze Stadt auf einen einzigen Geschenkeladen angewiesen, dessen Sortiment sich in den ersten Jahren zudem nicht wesentlich änderte. Heute ist das natürlich anders: Nie gab es so viele Geschäfte, die nichts anderes verkaufen als Geschenke. Es gibt Männergeschenkeshops, Geschenkeshops für Kinder oder Linkshänder, sowie für echte Teetrinker. In keiner Einkaufsstraße fehlen die Schokolade- und Seifenläden, die man nie betreten würde, um für sich selbst eine Tafel Schokolade oder ein Stück Seife zu kaufen. Der Geschenke-terror hat sogar dazu beigetragen, bestimmte Artikel aus der Schmuddelecke zu befreien: Inzwischen sehen Läden, in denen Kondome und Sexspielzeug verkauft werden, aus wie Showrooms für Modeaccessoires.

Angeblich lässt sich laut Branchenkennern nicht wirklich definieren, was einen Artikel zu einem typischen Geschenkartikel macht. Dabei ist es, wenn man das Angebot genau studiert, eindeutig, was einen Geschenkartikel auszeichnet: Man nehme einen normalen, funktionalen Alltagsgegenstand, wie zum Beispiel einen Trinkhalm, und verpasse ihm ein besonders abwegiges Design – fertig ist der Geschenkartikel. Ein Geschenkartikel ist die Gestalt gewordene Abkehr von »form follows function«: Praktisches ist zum Verschenken zu profan, Stil über-flüssig, ein Geschenk muss leider »total witzig« und »originell« sein.

Verblüffend anders – verblüffend doof

↑ Zuckerdose
↖ Spülbürste
← Wandhaken

↑
USB-Stick
→
Bücherstapel als Teekanne

Foto: Sebastian und Camilla Altvater

←
Kissen und Nackenrolle in
Baumstammoptik mit Pilzen
↓
Kaktus

Salt-and-Pepper aus der Kantine des amerikanischen Geheimdienstes CIA

Werkbundarchiv – Museum der Dinge

Foto: Roya Hakakian

Neben der stets leidenden Funktionalität haben diese Gebrauchsgegenstände einen weiteren entscheidenden Nachteil: Die meisten Menschen besitzen schon alles, was sie in ihrem Haushalt benötigen. Doch das wird von den Schenkenden ignoriert; sie finden, jede neue »originelle« Variation des Alltäglichen sei es wert, verschenkt zu werden.

Der schnell fahl werdende Überraschungseffekt von Spüllappen in Blumenform, Hakenhaltern, die die Wand hochklettern, Kaffeekannen, die aussehen wie der Eiffelturm, muss natürlich immer wieder übertrumpft werden. Auf einige Haushaltsgegenstände haben sich die Geschenkartikeldesigner besonders kapriziert. Allein die Salz- und Pfefferstreuer in Tiergestalt füllen im Keller von Ursula und Wolfgang Müller, den Betreibern des virtuellen Salz- und Pfefferstreuermuseums »SuPS-Mus«, mehrere Regale.

Natürlich kann nicht jeder, wie Ursula und Wolfgang, Dutzende Regale im Keller aufbauen und eine Salz- und Pfefferstreuer-Sammlung verwalten. Zum Glück sind nicht alle Schenker so rücksichtslos, einige von ihnen machen sich Gedanken und kommen auf die Idee, etwas Originelles zu verschenken, das durch Gebrauch wieder verschwindet und den Beschenkten also nicht belastet. Zumindest theoretisch.

Musiktheoretiker behaupten, dass es kaum mehr möglich ist, völlig neue Melodien zu komponieren. Wir sagen, es gibt keine wesentlich neue Form, die eine Seife oder eine Kerze auf dieser Welt noch annehmen kann.

Dinge aus Seife überdauern Moden und Epochen.

Goldfisch

Was ist das für ein Mensch, der nach dem Ölwechsel einfach einen der Flipper aus der Packung zieht und sich mit ihm die ölverschmierten Hände wäscht?

DOLPHIN - SOAP

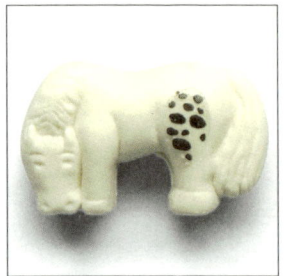

Wer eine Seifensammlung anlegen möchte, sollte sich vorher entscheiden, ob er eher Säugetiere, Amphibien, Vögel oder ausgestorbene Arten sammeln will.

Wird ein Mensch in seiner analen Phase in der Entwicklung behindert, kann sich laut Sigmund Freud ein analer Charakter herausbilden, der sich u. a. durch übertriebenen Sauberkeitssinn auszeichnet.

Klassikseife mit Lemongras
VEGAN - keine Tierversuche,
oder tierischen Inhaltsstoffe
Ingredients: PentaSodium Peristate, Sodium Lauryl Sulfate, Sodium Chloride, Stearic Acid, Aqua, Glycerin, Sodium Stearate, Propylene Glycol, Sorbitol, Sodium Laurate, Sodium Laureth Sulfate, Lauric Acid, Tetrasodium Etidronate, W 1796, W3799, W 9793, Parfum, Citral, Citronelol, Eugenol, Geraniol, Limonene, Linalool
Mindestens haltbar bis/Ch. Nr.: 10.2014 Gewicht:80g
KAKU Sogszyza 29, 76-024 Swieszyno

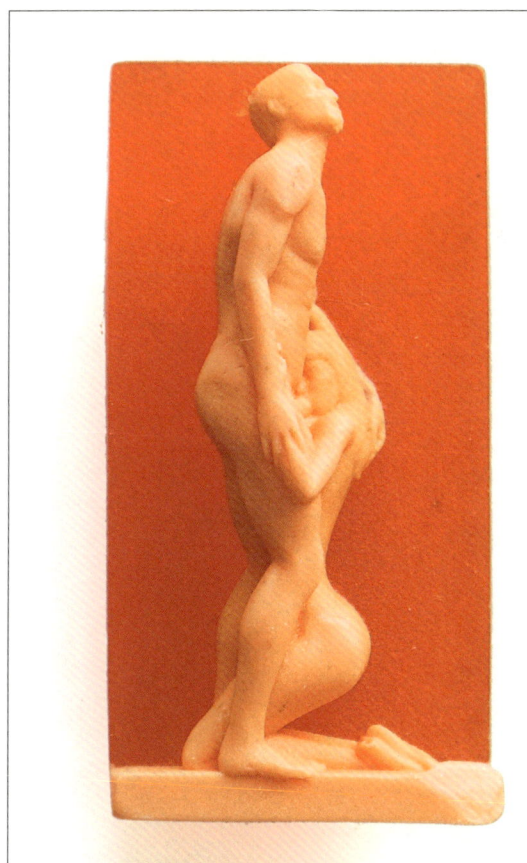

Wer nicht weiß, was er schenken soll, schenkt ... Kerzen.

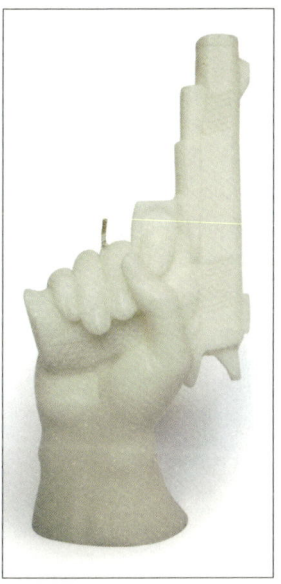

So praktisch und nützlich sogenannte außergewöhnliche Kerzen und Seifen auch erscheinen – sie stürzen den Beschenkten in einen scheußlichen Zwiespalt. Es stimmt schon, sie sind für den Gebrauch bestimmt, allerdings erzeugt die liebevolle Ausgestaltung mancher Exemplare eine starke Hemmung, sie auch wirklich zu benutzen. Und so bleiben kiloschwere Kerzen in Elefantengestalt und Seifendinosaurier bis in alle Ewigkeit im Regal.

Der Anlass ist vorüber,
die Kerze bleibt.

KAPITEL 5

Braucht das jemand?

Über Dekowahnsinn und Probiersets

Ein Geschenkartikel ist der zum Ding gewordene tautologische Blödsinn, welcher nichts sagt außer: Ich bin ein Geschenk und habe etwas gekostet.

Elisabeth von Thadden

Wenn man Gebrauchsgegenstände mit den menschlichen Grundbedürfnissen Essen und Schlafen vergleicht, sind Dekoartikel der Sex. Bei Gebrauchsgegenständen kann nämlich jeder wie beim Essen und beim Schlaf ziemlich genau bestimmen, wann er zu wenig oder zu viel davon hat. Bei dem Bedürfnis nach Verschönerung des Heims kommt es dagegen ganz auf die Neigung des jeweiligen Menschen an: Es gibt Puristen, die am liebsten gar keinen Nippes in der Wohnung herumstehen haben wollen, aber auch Deko-Nymphomaninnen, die nicht genug davon bekommen können.

Und so wie das sexuelle Bedürfnis überaus dehnbar ist, kann man auch seine Wohnung immer noch weiter dekorieren. Doch auch hier gibt es irgendwann einen Punkt, an dem die Sache kein Vergnügen mehr ist.

Was machen wir, wenn jeder Zentimeter unser Wohnung dekoriert ist?

Es gibt Deko fürs Regal, die Wand, den Fußboden, für Vasen und Gläser, den Garten, den Kühlschrank – und den Lichtschalter!

↓

Kühlschrank-Bart-Magnete

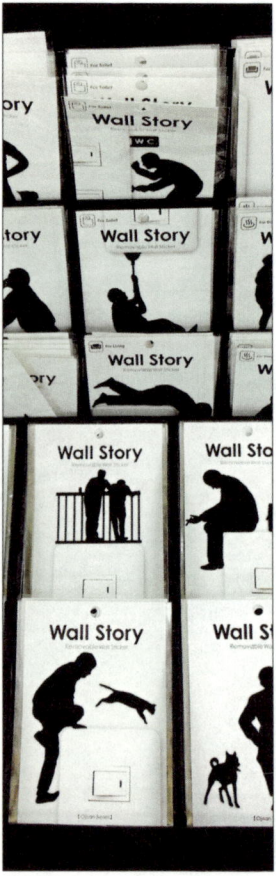

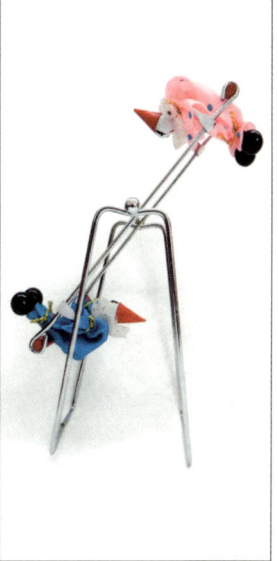

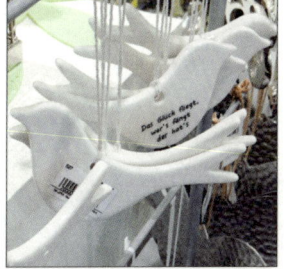

Was Karl Kraus über moderne Architektur sagt, ist genauso gut auch auf Geschenkartikel übertragbar: das aus der richtigen Erkenntnis einer fehlenden Notwendigkeit erschaffene Überflüssige.

Das Ärgerliche an Dekogeschenken ist, dass man sie nicht mit dem Argument, man habe schon welche, zurückweisen kann. Von Dingen, die zu nichts nutze sind, kann man schlecht sagen, man brauche sie nicht. Aus diesem Umstand leiten die Leute das Recht ab, einem das überflüssige Zeug in Form von Geschenken ins Haus zu tragen.

Macht es wirklich einen großen Unterschied, ob uns der Nippes aus dem Ein-Euro-Shop oder aus dem Museumsshop mitgebracht wurde?

Foto: Sebastian und Camilla Altvater

Erstaunlich, dass uns jemand so etwas schenkt. Aber noch erstaunlicher, dass es so etwas überhaupt gibt.

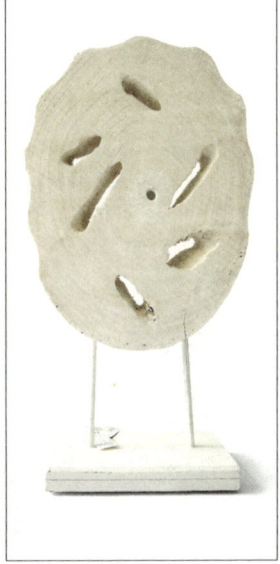

↑
Deko-Holzscheibe Weide
(Höhe 70 cm)

Wenn Sie die Wohnung Ihrer Freunde mit Ihren Geschenken zugemüllt haben, können Sie mit deren Balkon oder Garten weitermachen.

大好きです。

母の日

Vorschläge für Geschenke zum Muttertag, gesehen in Tokio

日

各階で開催中

忙しいお母さんへ "休息・癒しの時間" をプレゼント！

Wie bei unserem Liebesleben schauen wir auch beim Schenken darauf, was andere meinen, wie oft und wie viel man zu schenken habe. Andere – so unser Eindruck – schenken häufiger, spontaner, freizügiger. Dieses Gefühl wird uns vor allen Dingen von denen vermittelt, die Geschenkartikel produzieren beziehungsweise verkaufen. Sie schlagen uns vor, wann wir es zu tun haben und wie es genau auszusehen hat – das optimale Geschenk.

Und immer ist da das schlechte Gewissen, dass man hätte von selbst drauf kommen müssen ...

Dabei ist ein Geschenkartikel eine widersinnige Angelegenheit. Denn ein Geschenk ist niemals der Gegenstand selbst, den ich, in Geschenkpapier verpackt, überreiche. Es sind in Wirklichkeit die Gedanken, die ich mir über den Empfänger gemacht habe, und in der Gabe finden diese Gedanken ihren Ausdruck. Diese Gedankenarbeit kann mir niemand abnehmen, schon gar nicht ein Massenartikelhersteller.

Manche Menschen ahnen, dass sie sich mehr Gedanken machen sollten, bevor sie etwas verschenken. Sie fühlen sich schuldig, wenn sie in letzter Minute in einen Geschenkeladen rennen und aus dem dort vorhandenen Angebot das kleinste Übel auswählen. Regelmäßig nehmen sie sich vor, sich das nächste Mal mehr Zeit zu nehmen und in mehreren Läden nach einem Geschenk zu schauen, bis sie etwas gefunden haben, was dem Empfänger wirklich gefallen könnte. Sicher wäre es auch nett, eine Auswahl an Dingen zusammenzustellen, die der Beschenkte noch nicht kennt, aber vielleicht gerne mal ausprobieren möchte. Aber auch das haben andere bereits für uns erledigt und so werden überall fertig verpackte Geschenkesets angeboten, in denen unterschiedliche Produkte kombiniert wurden: zur leckeren Weißwurst die passende Senfsorte, der angemessene Essig für das italienische Olivenöl, der gebührende Sekt zum Badezusatz, die Strickmütze als perfekte Ergänzung zum Ostfriesentee.

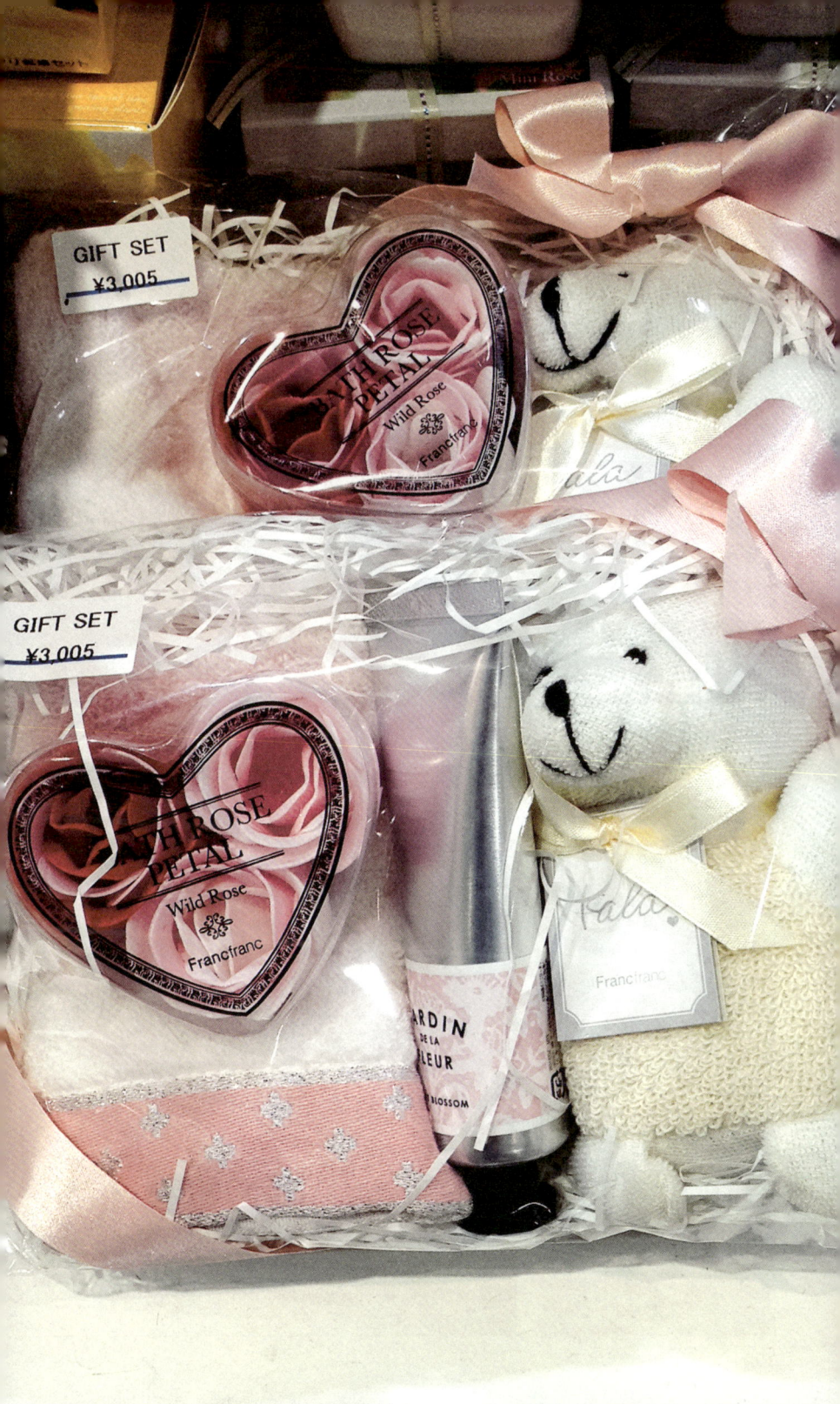

Das Ganze ist mehr als die Summe seiner Teile – oder: Wer braucht nach der Anwendung von Anti-Cellulite-Creme keinen Teddy zum Trost?

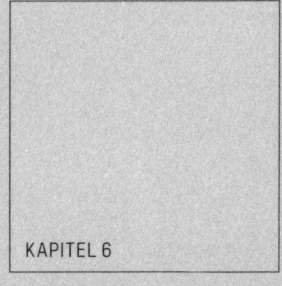

KAPITEL 6

Cherimoya-Quitte oder Kiwano-Kumquat?

Wenn die Wahl zur Qual wird

**Für viele besteht der Individualismus darin,
die Trends zu wählen, denen sie folgen wollen.**

Ernst Reinhardt

Das Problem des Kapitalismus ist, dass wir zu wenig Probleme haben. Will heißen, dass wir alles, was wir zur Bewältigung unseres Alltags brauchen, von der Waschmaschine bis zur Gabel, vom Rasenmäher bis zur Sicherheitsnadel, von der Kaffeemaschine bis zum Badezimmerteppich, bereits besitzen. Kein Gebrauchsgegenstand, der in unseren Breitengraden selbst im bescheidensten Haushalt fehlen würde. Dieser Umstand hat den Beruf des Produktdesigners völlig auf den Kopf gestellt. Ein Designer versucht heute nicht eine Designlösung zu entwickeln für ein Problem, das uns allen unter den Nägeln brennt, sondern sein Streben und Trachten ist es, überhaupt erst einmal ein Problem zu finden! Heraus kommen Geschenke, die Probleme lösen, von denen man vorher noch nicht wusste, dass man sie hatte – und nebenbei Probleme schaffen, die man noch nicht kannte.

Erfindungen für Probleme, die es gar nicht gibt

← Man stelle sich vor, jemand aus einem Krisengebiet kommt hierher und sieht, dass man bei uns sogar Spüliflaschen kleidsame Schürzen umbindet.

← Das eine Problem ist gelöst, das andere geschaffen: Nun rutscht der Löffel nicht mehr in den Kaffeeschaum, dafür lässt er sich nicht reinigen.

↓ Briefbeschwerer

Nagellacktrockner: Solange man auf die Banane drückt, pustet einem das Äffchen den Nagellack trocken. Allerdings immer nur einen auf einmal.

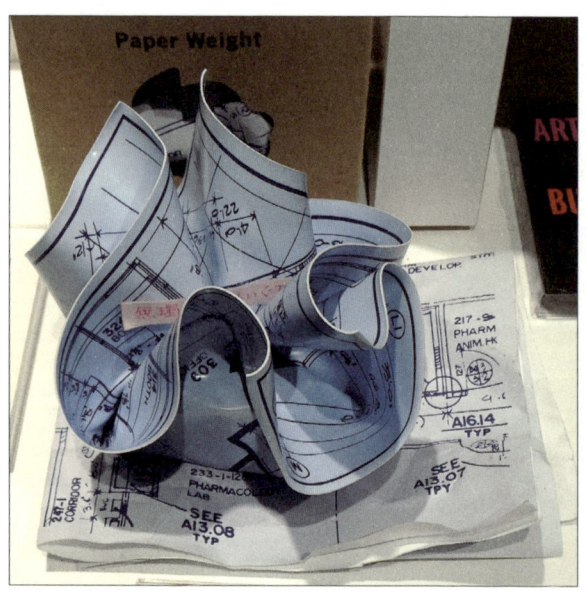

Immer genauer gehen die Produktdesigner auf uns ein. Jedem kleinen Unwohlsein spüren sie nach, jede winzige Schwierigkeit versuchen sie für uns aus dem Weg zu räumen. Und selbstverständlich gibt es all die kleinen Problemlöser in unserer Lieblingsfarbe: ein ideales Geschenk.

Unsere Individualität ist dabei nichts weiter als ein Marketing-Gag. Es gibt immer mehr Produkte, bei denen unsere großen und kleinen Vorlieben abgefragt werden. Inzwischen kann ich alles, was es zu kaufen gibt, den individuellen Wünschen meiner Liebsten anpassen. Ich kann eine individuelle Schokolade für meine Schwester kreieren, individuelle Badeöle oder Liköre für meine besten Freunde mixen oder eine persönliche Müsli- oder Teemischung für meinen Partner zusammenstellen lassen.

Brillesuchen war gestern: Praktischer Brillenständer in Hundeform. Wer allerdings seine Brille am Abend ablegen möchte, für den ist der Light Man ein Must-have!

Man hat sich Tee und Eier gekocht und plötzlich ergreift einen unbändige Lust, spazieren zu gehen: Gut, dass Tee und Eier warmgehalten werden, bis man wiederkommt. Natürlich muss man die Wärmer jedes Mal nach Gebrauch waschen, da sie sonst schnell schmuddelig aussehen.

Die meisten würden solche Produkte im Normalzustand niemals verschenken, aber wer sich durch eine Internetseite geklickt hat, wo man zwischen vierzig Fruchtaromen und fünfunddreißig Gewürzsorten wählen kann, dann die Packungsgröße und die Verpackungsart gewählt und schließlich das Etikett auf der Geschenkepackung mitgestaltet hat, der glaubt durch seine Anstrengungen ein ganz besonderes Präsent erschaffen zu haben. So haben die User des Internetportals »geschenke.de« als Geschenk des Jahres 2010 die Bonbonmischungen von »DeinBonbon« gewählt. Bei DeinBonbon.de kann man sich Bonbonmischungen in den erstaunlichsten und abwegigsten Geschmacksrichtungen zusammmstellen. Bestimmt lecker – aber welcher Mensch isst heute überhaupt noch Bonbons?

Irgendwann führt diese Wahlfreiheit ad absurdum, denn es ist keine Erleichterung mehr, selbst beim kleinsten Stück Butter oder bei einer Packung Nudeln zu überlegen, wie man selbst oder der Beschenkte diese Produkte denn gerne hätte. Wir wissen doch sowieso viel zu wenig übereinander, und jetzt soll man auch noch in Erfahrung bringen, ob der Arbeitskollege sich für einen Chili-Karamel-Kaffee oder eine Wodka-Vanille-Bodylotion begeistern könnte? Und wie soll man rausfinden, ob die Tante eher Müsli-Banane-Tee oder einen Stachelbeer-Ingwer-Likör trinken würde. Und will ich das überhaupt wissen?

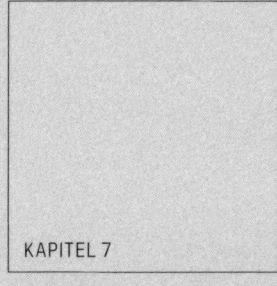

KAPITEL 7

Nötigung im Schafspelz?

Warum Selbstgebasteltes keine
Freude macht

Was du auch machst, mach es nicht selbst.

Tocotronic

Jedes Jahr finden sich Männer, Frauen und sogar Kinder, die in Umfragen beteuern, dass sie sich am allermeisten über selbst gebastelte Geschenke freuen. In Zeitungsartikeln, Fernsehbeiträgen und auf Sonderausstellungen erfahren wir auch, warum: Die Zeit und die Liebe, die in diese Geschenke investiert wurden, machen ihrer Meinung nach diese Gaben so besonders wertvoll.

Für eine derart feinsinnige Einstellung erhalten die Befragten stets Zustimmung und Lob. Nicht wenige haben diese gesellschaftliche Erwartung so sehr verinnerlicht, dass sie sogar selbst glauben, was sie sagen. Doch die Heuchler sind leicht zu enttarnen. Stellt man denselben Menschen die Frage nach ihren Geschenkefavoriten etwas anders – fragt man also einfach, über welches konkrete Geschenk sie sich in letzter Zeit besonders gefreut haben –, kommt ein ganz anderes Ergebnis heraus: Da haben sich die angeblichen Liebhaber von selbst bemalten Krawatten und selbst gepatchworkten iPad-Halterungen am meisten über Geld, Gutscheine und vorbestellte Geschenke gefreut. Überraschend: Selbstgemachtes wird bei diesen Umfragen selten erwähnt.

Besonders Männer hassen selbst gebastelte Geschenke, aber auch Frauengeduld lässt sich mit zu viel Selbstgemachtem strapazieren. So beschweren

Ab wie viel Minuten Bastelzeit wird aus normalen Dingen ein Geschenk?

←
»Ich habe einen Pilz getöpfert,« postet Julia, 34 J., am 8.9.2014 stolz in ihrem Blog.
»Nun muss er nur noch gebrannt werden und er ist fertig zum Verschenken.«

sich nicht wenige Frauen im Forum »gofeminin«, dass sie durchaus auf das zehnte selbst gemalte Bild ihres Neffen oder das achte handgefädelte Plastikarmband ihrer Nichte verzichten können. Auch ich ahnte als Kind, dass sich meine Mutter nicht wirklich über meine selbst gebastelten Geschenke freute. Diese Ahnung wurde zur Gewissheit, als ich zwölf Jahre alt war und meiner Mutter zum Geburtstag eine gehäkelte Schildkröte überreichte. Die Schildkröte hatte mehrere Schwachpunkte, die auf eine einzige Ungenauigkeit zurückzuführen waren. Mir waren sämtliche Einzelteile etwas zu groß geraten, und wie sich dieser kleine Fehler summierte, konnte ich beim Zusammennähen der Teile feststellen. Für die Galápagos-Riesenschildkröte reichte wiederum das von mir eingeplante Füllmaterial nicht aus, aber zwei weitere, dringend benötigte Packungen konnte ich mir von meinem Taschengeld nicht leisten. Lange lag das platte Riesenmonster in einer Ecke am Boden herum und wurde dann Zentimeter für Zentimeter unter den Schrank geschoben, bis es irgendwann ganz verschwunden war.

Selbst getöpferte Aschenbecher wurden gleich auf dem Balkon deponiert, angeblich für den rauchenden Besuch. Selbst gestrickte Schals und Tücher wurden von meinen Eltern meist nur ein einziges Mal, und das sehr demonstrativ, auf einem Spaziergang getragen, danach wurde mir und meiner Schwester deutlich gemacht, dass sie mit dieser Tortur das Geschenk nun abgearbeitet hätten.

Geschenketipp aus dem Internet: Wein verschenken ist nicht so kreativ. Es sei denn, ihr verziert die Flaschen mit selbst gestalteten Etiketten. So wird aus dem Chianti für den Onkel einfach »Karls Brummschädeltrank« oder für die nette Nachbarin »Ankes Bauchnabelprickler«.

Selbst der minimalste Aufwand scheint manchen Menschen schon applauswürdig zu sein.

Ein ehrliches Wort von unseren Eltern und wir hätten
unsere Geschenkeproduk-
tion sofort eingestellt.

Forget-me-not.

Demütigend an unserer Situation war, dass wir unseren Eltern ja irgendetwas zum Geburtstag, zum Muttertag und zu Weihnachten schenken mussten. Kaufen konnten wir nichts, zumindest nichts, was unsere Eltern sich sehnlichst wünschten, sich aber selbst nie gönnen würden. Abgesehen davon, dass das Geld, das wir für diese Geschenke ausgegeben hätten, sowieso von ihnen kam. Wir mussten also schenken, was wir mit unseren eigenen Händen erzeugen konnten, und das war nicht viel.

Nur sie hätten uns aus diesem entwürdigenden Ritual befreien können, das sich an jedem Feiertag wiederholte: Wir nähten, töpferten oder klebten etwas zusammen, das selten irgendwelchen ästhetischen oder funktionalen Ansprüchen genügte, unsere Eltern nahmen diese Scheußlichkeiten in Empfang und gaben vor, dass sie sich über diese freuten, und wir wiederum taten so, als wüssten wir nicht, dass sie nur uns zuliebe so taten, als würden sie sich freuen.

Solange wir jedoch Geschenke von ihnen bekamen, konnten wir diese Geste der Gegenseitigkeit nicht einfach unterlassen. Es ging ums Prinzip. Unsere Basteleien begriffen wir als Platzhalter, und sobald wir es uns leisten konnten, würden wir richtige Geschenke kaufen.

Erst später weiß man, dass Kinder noch aus vielen anderen Gründen zum Basteln animiert werden. Kinder sollen lernen, Dinge zu planen und zu Ende zu bringen und ihre Feinmotorik entwickeln. Aber Erwachsene, die keine Feinmotorik haben, brauchen diese nicht mehr zu trainieren.

Auf keinen Fall können Erwachsene verlangen, dass man ihre Erzeugnisse mit der gleichen Nachsicht behandelt, wie man es bei Kindern tut, nur damit sie ungehemmt ihre Bastel- und Handarbeitswut ausleben können. In Wirklichkeit ist es doch so, dass bei selbst gemachten Geschenken niemals die zu beschenkende Person im Vordergrund steht. Der Schenker hat eine wahnsinnige Lust zu basteln, zu töpfern, zu nähen oder zu stricken, und sucht nur nach einer Gelegenheit, die dabei entstehenden Dinge loszuwerden.

Von uns beschenkten Opfern wird erwartet, dass wir dieses Spiel mitspielen und beteuern, dass wir das selbst gemachte Geschenk viel, viel schöner finden als ein gekauftes. Aber das Schlimmste ist, mit dem Bedanken für den viel zu langen und kratzigen rosa Schal der Schwester oder der Tante ist es nicht getan. Man muss das monströse Kleidungsstück auch noch aufbewahren und sogar tragen, schließlich ist es wertvoll, weil selbst gemacht.

Es bedeutet übrigens nicht, dass man Leute, die gerne basteln, nicht versteht, nur weil man sich über ihr fünftes selbst getöpfertes Teelicht nicht so freut wie über das erste. Rätselhaft ist einem dagegen, wenn Menschen sich einer nur schwach ausgeprägten Schaffenslust hingeben. Und das sind nicht wenige, denn es gibt einen ganzen Industriezweig, der lauter Dinge produziert, die man mit wenig Aufwand eigenhändig fertigstellen kann. Fast alles, das es nicht auch in den schönsten Designs zu kaufen gibt, ist in einer Art Rohzustand auf dem Markt, den man dann mit entsprechendem Zubehör zu einem ganz eigenen, individuellen Kunstwerk machen kann: Es gibt weiße Seidenkrawatten zum Selberbemalen, Kalender mit Platz für eigene Motive, Bettwäsche, Geschirr, Vasen und Teppiche zum Selbstdesignen, Bastelsets für Tisch- und Wanddekorationen und Grußkarten zum Selberbekleben und vieles mehr.

Es werden also massenhaft Dinge hergestellt für Menschen, die keine massenhaft hergestellten Dinge mehr verschenken möchten und die Augen davor verschließen, dass ihre Lieben sehr wohl einen ganz ehrlichen Massenartikel, wie etwa eine Krawatte in einem dezenten Design oder eine weiße Porzellanvase, einer selbst beklecksten Version vorgezogen hätten.

Die Empfehlung auf www.mittags-pause.de, an einem viel zu heißen und langen Sommernachmittag doch eine Gipsvase als Geschenk für einen lieben Menschen zu basteln, beweist:
Am Anfang war da der viel zu heiße Nachmittag und die Langeweile – erst danach wird sich über die Verwendung des Endproduktes Gedanken gemacht.

Es gibt aber etwas, das noch viel schlimmer ist als ein selbst gebasteltes Geschenk, nämlich, wenn wir etwas geschenkt bekommen, das wir selbst zu Ende basteln müssen. Hier wird das Prinzip des Schenkens vollends auf den Kopf gestellt: Durch ein solches Präsent werde ich gezwungen, etwas zu tun, was ich nicht will, nur damit ich etwas habe, was ich mir niemals gewünscht hätte. Dafür auch noch Danke zu sagen, fällt schwer.

Mit solchen Geschenken ist man doppelt bestraft: Hier muss man den Firlefanz, den man nicht haben will, auch noch selbst herstellen.

Ganz absurd sind Produkte, die von dem Nimbus, den das Selbstgebastelte immer noch besitzt, profitieren wollen. Bei industriell hergestellten Geschenkartikeln, die aussehen sollen, als habe eine ungelenke Hand sie selbst gebastelt, weiß man gar nicht mehr, mit wem man Nachsicht üben soll: Mit dem Käufer oder mit der Herstellerfirma? Mit beiden?

 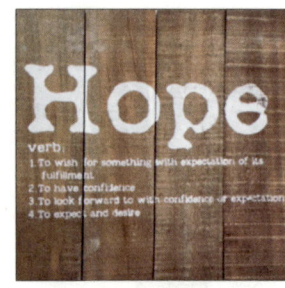 

Man kann etwas basteln, das wie gekauft aussieht – oder etwas kaufen, das wie selbst gebastelt aussieht. Es läuft beides auf dasselbe hinaus.

Wer also das vierzehnte Lebensjahr überschritten hat und kein anerkannter Mode- oder Produktdesigner ist, sollte darauf verzichten, Selbstgemachtes zu verschenken. Außer man will sich dringend für die selbst genähte Eulentasche rächen, die einem die beste Freundin zum letzten Geburtstag geschenkt hat.

Wann werden wir einander endlich die Wahrheit sagen und zugeben, dass wir uns nicht über selbst gemachte Geschenke freuen?

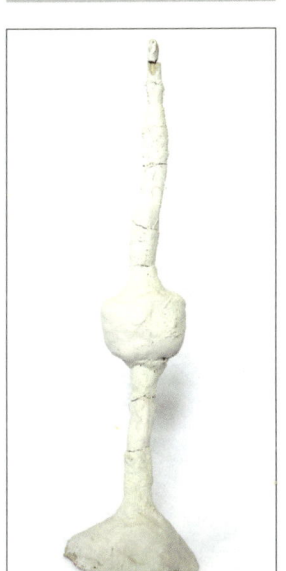

↑
←
Als erwachsener Mensch sollte man sich sinnvollere Ziele setzen, als Teelicht- und Klopapierumrandungen zu häkeln.

Selber basteln ist ein heroischer Akt der Auflehnung gegen den Kapitalismus: Man erzeugt ein Produkt, das keiner braucht, und das aus Materialien, die ursprünglich mehr wert waren als im verarbeiteten Zustand.

←
Ausgangsmaterial
↓
nach 5 Stunden
→
nach 12 Stunden

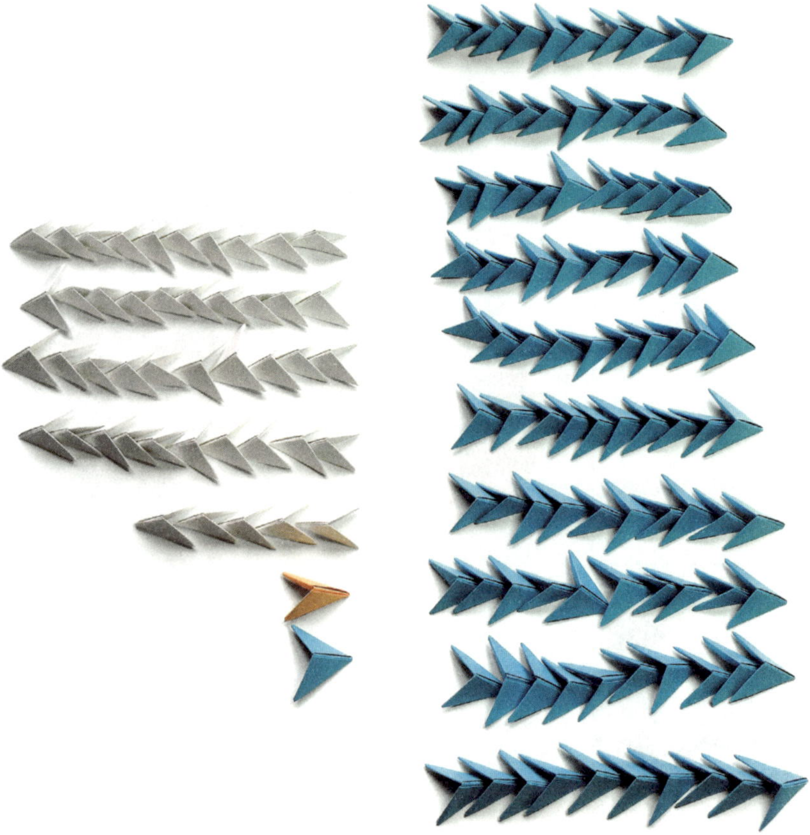

Manche Dinge sind nicht für die Ewigkeit gemacht – auch wenn sie für alle Ewigkeit aufbewahrt werden müssen.

Mit Draht umwickelte Steine
lösen keine Freude aus,
sondern Depressionen.

Was ist merkwürdiger –
ein selbst gehäkeltes
Busenkissen oder einen
selbst genähten Teebeutel
geschenkt zu bekommen?

EHRE EIN MUTTERHERZ
SOLANGE ES SCHLÄGT, DENN
WENN ES IM GRABE LIEGT IST ES
ZU SPÄT

Werkbundarchiv – Museum der Dinge

Muscheln sind schön, aber
nicht, wenn man daraus
Schildkröten bastelt oder
sie zu einem Mobile bzw.
einem Segelschiff zusam-
menfügt.

↑
Diese selbst gebastelten
Blumen aus Flüssigkunst-
stoff standen am falschen
Platz. In der Mittagssonne
schmolzen die Blüten zu
diesem nicht weniger hüb-
schen Gebilde zusammen.

Hingen all unsere Sorgen
auf einer Leine – dann
nähmest du deine und ich
meine.
Stickbild, Privatbesitz

**Die besten Geschenke-
klassiker aus den
70ern, 80ern, 90ern
und von heute**

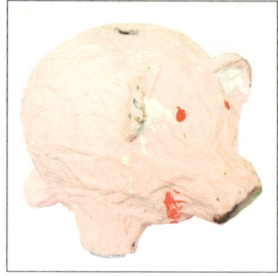

Werkbundarchiv – Museum der Dinge

Die Materialien ändern
sich: Heute benutzt
man statt Salzteig Fimo,
neonfarbenes Plastik statt
Wolle – die unerfreulichen
Ergebnisse bleiben die
gleichen.

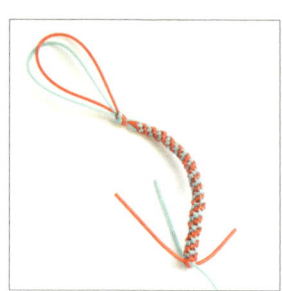

↑
Früher umhäkelte man mit
Wollresten Klopapierrollen,
heute Handys.

In den 70ern bastelten wir Strumpfblumen aus alten, fleckigen und stinkenden Damenstrümpfen, heute gibt es Strumpfblumen-material im Bastelladen in vielen frischen Farben zu kaufen – doch Strumpf-blumen sind nach wie vor kein Geschenk, mit dem man Begeisterungsstürme auslöst.

→

Landschaft mit Hund und Zaun

Getöpfert, gestrickt und gehäkelt wird heute immer noch. Es bleibt die Hoffnung, dass Ton und Wolle bald ganz teuer werden.

KAPITEL 8

Ist bio noch fair?

Geschenke für Veganer und
andere schwierige Zeitgenossen

Heute trägt man keine Pelze mehr, morgen fällt das Verschenken von Schnittblumen schwer.

Erhard Horst Bellermann

Ist diese Kuschelerdbeere
auch wirklich aus biolo-
gisch angebauter und fair
gehandelter Baumwolle?

Nun ist es wieder passiert. Sie haben ein Geschenk gekauft, ohne nachzudenken. Rote Rosen für die Liebste zum Valentinstag, ein harmloses Geschenk – denken Sie. Doch Sie haben nicht bedacht, dass Rosen um diese Jahreszeit aus Südafrika eingeflogen werden müssen, was Sie dann leider von Ihrer Freundin, die großen Wert auf Produkte mit möglichst kleinem CO_2-Fußabdruck legt, erfahren.

Eigentlich hätte Ihnen der letzte Kindergeburtstag eine Lehre sein müssen, an dem Ihre Schwester Sie gezwungen hat, die Gummiente, die Sie Ihrer Nichte mitgebracht haben, wieder mitzunehmen. Sie hätten sich, so ihr Vorwurf, vorher erkundigen müssen, ob in diesem Geschenk krebserregende Weichmacher enthalten sind.

Und letzte Woche beim Schulfest wurde eine Mutter vor allen anderen Eltern abgewatscht, weil sie die falsche Kreide zum Pflastermalen besorgt hatte. Man sei schwer enttäuscht von ihr als Mutter und als Mensch, sagte ein Vater und sprach damit aus, was alle Anwesenden ganz offenbar empfanden.

↑
Schoko-Trüffel-Praline

→
Rote-Bete-Cracker ohne
Zucker, ohne Schokolade,
ohne Weißmehl, ohne
künstliche Farb- und
Aromastoffe, dafür mit
angekeimten Saaten. Kurz:
ein unbeschwerter Genuss.

ROHKOST

Rote Bete
Cracker

fruchtig-erdig
& mild würzig

mit angekeimten Saaten

Rohkost-Qualität
Angekeimt

GO RAW
BIO

100 g

Unkorrekte Blumen, von unschuldigen Kinderhänden brutal dem Leben entrissen, sind keine passenden Geschenke für Leute, die kein Ei essen, das nicht von frei laufenden Hühnern gelegt wurde, niemals unachtsam geernteten Tee anrühren würden und keine Produkte kaufen, die nicht in ihrer unmittelbaren Nähe hergestellt wurden.

Wenn Sie also Freunde haben, die bewusster sind und spiritueller fühlen als Sie und außerdem die neuesten Unverträglichkeiten und Allergien pflegen, haben wir für Sie auf den nächsten Seiten die ultimative Checkliste zusammengestellt. Können Sie nicht hinter sämtlichen Punkten ein Häkchen setzen, schenken Sie lieber nichts. Das schont die Umwelt und die Freundschaft.

Mit dieser Checkliste können Sie überprüfen, ob Ihr Geschenk wirklich politisch korrekt, das heißt für bewusste und ganzheitlich denkende Menschen geeignet ist.

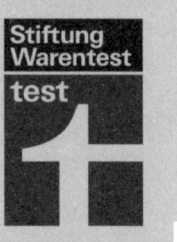

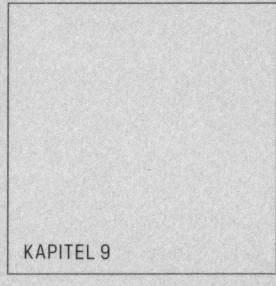

KAPITEL 9

Warst du schon wieder weg?

Souvenirs

Das Souvenir ist tot.

Rebecca Niazi-Shahabi

Woher kommt dieses
Souvenir?
(Auflösung nächste Seite)

Gruss aus

Früher brachte man Dinge von einer Reise mit, die es daheim nicht gab. Heute kann man in jeder Nanu-Nana-Filiale geflochtene Regenschirme aus Indien oder Aufklärungsplakate aus Westafrika kaufen. In den sogenannten Ein-Euro-Shops gibt es Eiffeltürme, Leuchttürme und die Freiheitsstatue in allen Formen und Farben und im Supermarkt um die Ecke stehen Spezialitäten aus den entlegensten Regionen der Erde im Regal. Zumindest in einer Großstadt gibt es alles überall und zu jeder Zeit, warum sollte man also Freunden oder Verwandten irgendetwas aus der Ferne mitbringen?

Wirklich konsequent sind nur Souvenirs, die auf den Punkt bringen, dass es nicht um ihr Äußeres geht, sondern um ihren immateriellen Wert, nämlich die Erinnerung, die mit ihnen verknüpft wird. So sind beispielsweise »Berliner Luft« oder »Sand aus Sankt Peter-Ording« nicht wirklich Gegenstände, die besonders typisch für diese Regionen sind und die es nicht woanders gäbe. Dazu kommt der angenehme Kitzel des Zweifels: Ist in der kleinen Flasche mit Sand wirklich der Sand vom Sandstrand drin, an dem ich eben noch spazieren gegangen bin? Und ist in dem Glas mit der Berliner Luft nach einer langen Flugreise immer noch die Luft drin, die ich gestern eingeatmet habe?

Souvenirs sind also unsinnig und daran ist eigentlich nichts auszusetzen, denn warum soll man zwischen den vielen sinnvollen Sachen, die man besitzt, nicht auch mal etwas Unsinniges stehen haben, wenn es einem hilft, eine Reise nach Gößweinstein nicht zu vergessen. Nur bevor man den massenhaft hergestellten Erinnerungsplunder für andere heimbringt, sollte man sich eine entscheidende Frage stellen: Warum sollen sich die Freunde an eine Reise erinnern, die sie gar nicht gemacht haben?

Das Gebilde aus rotem Marzipan ist die Wuppertaler Schwebebahn.

↖

Nairobi-Runda

←

Leipzig,
Völkerschlachtdenkmal

→

Wolfsburg

↓

Baku

Werkbundarchiv – Museum der Dinge

Souvenirs made in China

Muss man sich wirklich an jeden Ort auf dieser Welt erinnern?

Volkswagenwerk Wolfsburg

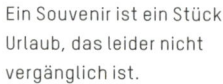

Ein Souvenir ist ein Stück Urlaub, das leider nicht vergänglich ist.

Erfahrungsgemäß sind geklaute Reiseandenken für den eigenen Gebrauch gedacht, während gekaufte Souvenirs eher verschenkt werden.

made in Belgium

BRUSSELS
MANNEKEN PIS

Werkbundarchiv – Museum der Dinge

750
JAHRE

1237 1987

BERLIN-SOUVENIR

Netherlands

Fotos Niederlande, Japan, Sri Lanka: Matt van Vuuren, www.reformatt.com

Japan

Japan

Foto Armenien: Yelena Osipova

Sri Lanka

Armenia

Geschenke als Visiten-
karte:
Empfehlungen aus den
Niederlanden, aus Japan,
Sri Lanka und Armenien im
UN-Gebäude in New York.

Image courtesy of Joshua Berger, Foto: Dan Kvitka

↑
Terror-Souvenirs:
Jutetasche 9/11 aus
Eritrea, Stalinbüste
aus Moskau, Bin-Laden-
Matrjoschka aus
Usbekistan
→
Bayer und Preuße,
beide aus Sachsen

Das ist eindeutig Schändung von Mineralien: Quarzmännchen aus Berchtesgarden.

Homo berchtesgadensis lithofactus ,

auch fälschlich als Salzgnom oder Berch - Führer bezeichnet.

Lauert in Felsspalten versteckt auf Wanderer aus Osten, Westen und Norden,

die er anfällt und zu erschrecken sucht.

Stimme ist ein raues „No hoast" oder auch „Schleichts eich".

Ernährung vermutlich von Asbestschweiß.

Endemisch in der Watzmann Region rund um den Königssee. Sehr selten.

Verwandschaft mit dem gemeinen Waldwolpertinger

Homo silvestris stoiberi nicht gesichert, aber wahrscheinlich.

Der wilde Watzmann kann domestiziert werden.

Er dient als Abschreckung gegen ... unbekannte.

Wird steinalt.

Der Zwang, von jeder Reise etwas mitzubringen, beflügelt die Souvenirindustrie.

↑
Ausstechform
↓
Pfeffermühle

SEE YOU IN BERLIN

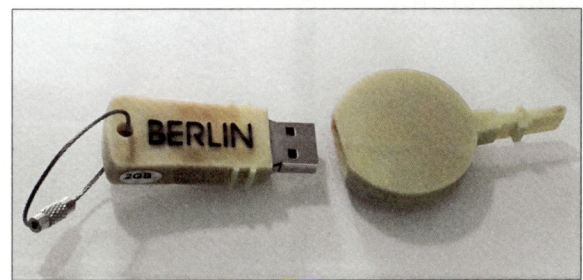

BERLIN

BERLIN
SHOWER
TOWER

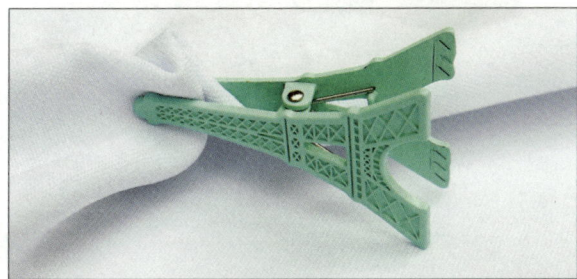

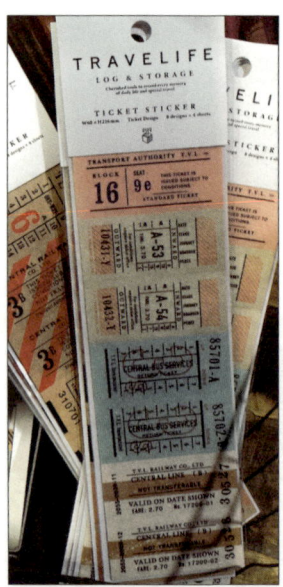

Heute kann man natürlich ganz persönliche Reise-andenken kaufen, ohne zu verreisen.

Allerhand für Ihre Wand

BERLIN lackierte ndregale zum ombinieren

KAPITEL 10

Wo bleibt mein Geschenk?

Gutscheine, das nie eingelöste Versprechen

Der beste Gutschein ist ein Geldschein.

Alexander Dobrindt,
CSU-Politiker

Tuco, genannt der Hässliche, liegt in einem Badezuber. Auch ein Westernheld muss sich schließlich einmal waschen. Plötzlich fliegt die hölzerne Tür auf: Ein Mann steht im Zimmer und richtet seine Waffe auf den Badenden. »Habe ich dich endlich gefunden!«, ruft er. »Wie viele Jahre habe ich dich gesucht. Und sogar mit links habe ich Schießen geübt, seitdem du mir den rechten Arm zerschossen hast. Und jetzt werde ich …« Ein Schuss fällt, der Eindringling liegt am Boden. Natürlich hat Tuco auch in der Badewanne seine Waffe griffbereit und man kann ihm nur zustimmen, wenn er seinem Erzfeind den, von ihm leider nicht mehr zu befolgenden, Ratschlag gibt: »Wer schießen will, soll schießen und nicht reden.«*

Gleiches möchte man Menschen empfehlen, die Gutscheine verschenken. Im Internet kann man sich druckfertige Gutscheine herunterladen, mit denen man seinen Liebsten einfach alles versprechen kann: eine Rückenmassage, einen Tanzkurs, einen Tandemsprung aus 4000 Metern Höhe, einen Kinobesuch, eine Städtereise, eine Nacht im Iglu.

Der Empfänger erhält also statt eines Geschenks eine Art Schuldschein, mit dem er aber gar nichts anfangen kann, denn als wohlerzogener Mensch würde er selbstverständlich niemals auf dessen Einlösung bestehen. Er wird folglich gezwungen, sich für eine Massage, die er nie erhalten, oder eine Reise, die er nie antreten wird, zu bedanken. Eine Zumutung. Eigentlich sollte man die Annahme solcher leeren Versprechen verweigern: Wer massieren will, soll massieren – und keine Gutscheine ausdrucken.

Denn ein nicht eingelöster Gutschein steht zwischen Freunden und Liebenden, und das bis in alle Ewigkeit. Nicht selten finden Menschen noch einen Gutschein in der Schreibtischschublade, wenn die Beziehung längst vorbei ist, und stellen fest, dass ihnen der Exfreund noch ein Set Spitzenunterwäsche, beziehungsweise die Exfreundin noch ein Romantikwochenende in Paris schuldet. Sie überlegen kurz, wie es wäre, wenn sie zum Telefonhörer griffen, um das, was ihnen zusteht, nach Jahren endlich einzufordern. Natürlich rufen sie niemals an, sondern werfen den Gutschein weg und ärgern sich mehr, als sie sich damals, zwanzig Jahre zuvor, über eine Parisreise gefreut hätten.

*Szene aus dem Western »The Good, the Bad and the Ugly«, 1966, mit Clint Eastwood

An eine Reise nach Paris,
die man nie gemacht hat,
wird man sich noch ewig
erinnern.

Kaum eine Liebe überlebt den Betrug, den ein Gutschein stets bedeutet. Wo Gutscheine verschenkt werden, ist die Freundschaft bald dahin. Mit Gutscheinen abgespeiste Eltern entfernen sich innerlich von ihren Kindern, in mit einem Gutschein beschenkten Kollegen wächst der Groll.

Sicher, der Schenkende meint es ohne Zweifel ernst mit seinem Versprechen, in dem Moment, in dem er den Gutschein überreicht. Besonders, wenn er von dem Geschenk selbst profitiert, wie bei einem Candle-Light-Dinner oder einem gemeinsamen Kinobesuch. Doch kaum hält der Empfänger den Gutschein in den Händen, wird aus der Liebesgabe eine Pflicht, die der Schenker abzuarbeiten hat, und zwar dann, wenn der Empfänger es befiehlt.

Der Gutscheinbesitzer wird dem Gutscheinverschenker zuwider. Besteht der Besitzer auf dem versprochenen Kinobesuch, kommt er dem Schenkenden kleinlich und berechnend vor, erwähnt er es dagegen taktvollerweise nicht mehr, hat der Schenkende ein schlechtes Gewissen. Um sich von diesem schlechten Gewissen zu befreien, beginnt er den Beschenkten zu bedauern: Dieser hat es verdient, dass man nicht mit ihm ins Kino geht und bei Kerzenlicht diniert, wenn er nicht den Mut hat, das Versprochene einzufordern. Und warum hat man ihm überhaupt versprechen müssen, mit ihm Zeit zu verbringen? Hat er keine Freunde, die einfach so – ganz spontan und ohne Gutschein – mit ihm essen gehen?

Schenken geht nur im Hier und Jetzt. Wer in der Gegenwart ankündigt, später schenken zu wollen, schenkt immer zu spät.

Geschenk!

Geschenk-
gutschein
+
Schöne Verpackung
=
Gelungene
Überraschung

EIN GESCHENK
DAS VIELE
WÜNSCHE ERFÜLLT.

Die Aussage auf dieser Gutscheinwerbung ist eine unzulängliche Pauschalisierung. Nicht jeder Gutschein ist eine gelungene Überraschung. So würde man den Überraschungseffekt eines Kinogutscheins als mäßig einstufen, während ein Lidl-Gutschein größere Überraschungswerte erzielen dürfte.

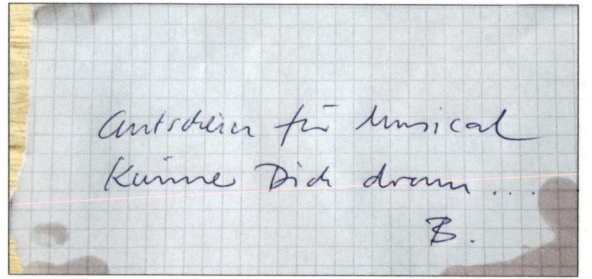

Besonders unverschämt sind Gutscheine, mit denen man etwas verspricht, das man ganz von allein und schon längst hätte tun sollen. Den Hund ausführen, den Rasen mähen, den Küchenboden wischen und das eigene Kind beruhigen, wenn es nachts schreit – muss man so etwas seinen Liebsten versprechen? Tatsache ist aber, dass nicht wenige solcher Gutscheine verschenkt werden, und es scheint immer noch Menschen zu geben, die erstaunt darüber sind, dass solche Geschenke bei ihrem Empfänger keine Freude auslösen. Dabei ist es ganz offensichtlich, dass so ein Gutschein eine offene Kriegserklärung ist. Mit einem solchen Gutschein gibt man nämlich seinem Partner zu verstehen, dass man das, was dieser von einem zu Recht erwartet, in Zukunft nicht mehr tun wird. Nur noch fünfmal – siehe Gutschein – wird man die ungeliebten Pflichten erledigen (wenn überhaupt) und damit ist für den Gutscheinschreiber das Thema Hund, Kind oder Küchenfußboden ein für alle Mal erledigt. Der Beschenkte braucht sich jedenfalls nach dem Einlösen seines Gutscheins keine Hoffnung darauf machen, dass anschließend jemals wieder zum Rasenmäher oder Wischmopp gegriffen wird.

Natürlich gibt es noch eine andere Sorte Gutscheine. Sie sind, wenn man Umfragen glaubt, das liebste Geschenk der Deutschen. Heute bietet fast jede Branche Geschenkgutscheine an, selbst wenn dort nur Waren gehandelt werden, die traditionell eher nicht als Geschenke gelten. Und sie werden verschenkt, obwohl selbst der nüchternste Zeitgenosse weiß, dass der Gutschein eines Elektronikfachmarkts, den der Empfänger drei Wochen nach seinem Geburtstag gegen 50 CD-Rohlinge und ein Computerkabel eintauscht, kein richtiges Geschenk ist.

**Fünfmal noch – und
danach nie wieder!**

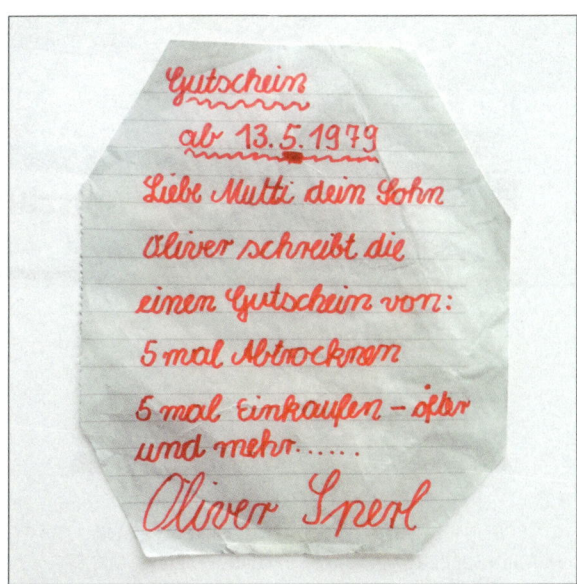

→

Es verdirbt den Charakter, wenn man Kinder dafür lobt, dass sie in Zukunft noch weniger tun werden als zuvor. Sollte das Kind nämlich fünfmal, wie per Gutschein versprochen, abtrocknen, wird es davon überzeugt sein, bis zu seiner Volljährigkeit nichts mehr im Haushalt tun zu müssen.

GUTSCHEIN FÜR FÜNFMAL
TISCH DECKEN

GUTSCHEIN FÜR FÜNFMAL
MÜLL LEEREN

Bei Einkaufsgutscheinen hat der Schenker seine Pflicht bereits abgeleistet, das heißt, er hat im Voraus bezahlt. Nun muss der Nutznießer sein Geschenk nur noch abholen oder es in Anspruch nehmen. Doch der tut es nicht. Fast ein Drittel aller ausgestellten Gutscheine werden nicht eingelöst, Millionen von Euro werden also jedes Jahr von Freunden, Geliebten, Omas, Tanten und Geschwistern an den Einzelhandel verschenkt, der sich darüber riesig freut.

GUTSCHEIN FÜR EINMAL
HEMDEN BÜGELN

GUTSCHEIN FÜR EIN
CANDLE-LIGHT-DINNER

GUTSCHEIN FÜR
ZEIT FÜR DICH

GUTSCHEIN FÜR
ZEIT ZU ZWEIT

GUTSCHEIN FÜR
KÖRPER UND SEELE

GUTSCHEIN FÜR EIN
FELLNASEN-FOTO-
SHOOTING

Will man testen, ob seine
Freunde noch bei Trost
sind, schenke man ihnen
ein Fotoshooting für ihren
Hund. Freuen sie sich,
sollte man die Freund-
schaft beenden.

GUTSCHEIN FÜR EINMAL
MASSAGE

Was ist, wenn man sich
noch vor dem Einlösen
des Massagegutscheines
trennt? Wie dem Expartner
sagen, dass er einem noch
eine Rückenmassage
schuldet?

GUTSCHEIN FÜR EINMAL
BUNGEE-JUMPING

Ein Gutschein für Bungee-
Jumping ist kein Geschenk,
sondern eine ganz perfide
Art, den Partner unter
Druck zu setzen.

Aber selbst, wenn sie eingelöst werden, sind Einkaufsgutscheine kein unproblematisches Geschenk. Auf ihnen steht nämlich das, was auf einem Geschenk auf keinen Fall zu stehen hat: der Preis. Jeder normale Mensch entfernt von Dingen, die er verschenken will, das Preisschild. Ganz Sorgfältige übermalen sogar den auf Taschenbüchern aufgedruckten Preis mit einem schwarzen Edding. Der Beschenkte soll sich schließlich nicht fragen, warum er dem Schenkenden nur 3,99 Euro wert ist. Er soll sich auch nicht fragen, warum er ihm 3999,00 Euro wert ist. Er will überhaupt nicht an Geld denken, wenn er ein Geschenk entgegennimmt.

Geld hat man nämlich früher nur an Dienstboten verschenkt und daher ist das Verschenken von Geld oder geldähnlichen Geschenken innerhalb der Familie und unter Freunden immer noch tabu.

Nur der Kleinbürger fragt sich, wie viel ein Geschenk gekostet hat, denn nur Kindern und Kleinbürgern geht es beim Schenken um die konkreten Werte: Je teurer und nützlicher ein Geschenk ist, desto besser. Bei einem Geschenk zählt die Geste – bei einem Gutschein der Preis!

So ein Kleinbürger ist der amerikanische Ökonomieprofessor Joel Waldfogel. Der kam nämlich auf die Idee zu untersuchen, wie viel seinen Studenten ihre letzten Weihnachtsgeschenke wert waren, will heißen, wie viel sie dafür ausgegeben hätten, hätten sie sich die Geschenke selbst kaufen müssen. Ergebnis dieser Ministudie war, dass die Beschenkten nur 66 Prozent der Summe ausgegeben hätten, die die Schenkenden tatsächlich für die verschenkten Produkte und Dienstleistungen bezahlt hatten. Daraus schloss Professor Waldfogel, dass Schenken unökonomisch sei. Deutlicher ausgedrückt: Weil die Beschenkten grundsätzlich den Wert der verschenkten Waren zu niedrig einschätzten, bekämen die Schenkenden nicht den Dank zurück, den sie für die ausgegebenen Summen hätten erwarten können. Es ist also im wahrsten Sinne des Wortes verschenktes Geld.

Für alle, die möchten, dass es beim Schenken korrekt zugeht, sind Gutscheine also die richtige Wahl. Denn da auf den meisten Gutscheinen die Summe verzeichnet ist, die der Schenkende in den Beschenkten investiert hat, ist nach Professor Waldfogel die Ökonomie des Schenkens wiederhergestellt. Alle anderen, die damit leben können, dass ihnen nicht bei jedem Geschenk auf den Cent genau gedankt wird, verschenken lieber keine Gutscheine.

Gutscheinspruch Nummer 27:

**Ich freu mich, dass es dich gibt,
dass du meine Nähe liebst.
Zum Dank dafür schenke ich Dir,
diesen schönen Gutschein hier.**

Vorgedruckte Gutscheine
sind schon schlimm, vor-
gedruckte Gutscheine mit
Gedicht noch schlimmer.

KAPITEL 11

Was schenkt eigentlich der Papst?

Geschenke unter Staatsmännern

Durch Geschenke erwirbt man keine Rechte.

Friedrich Nietzsche

Diese in Messingblech ein-
geschlagene Autobiografie
»The president of courage –
Ronald Reagan« ist ein
Geschenk des ehemaligen
US-Präsidenten an den
damaligen Bundespräsi-
denten Weizsäcker.

MCMLXXXVI

Bei seinem ersten Staatsbesuch im Iran hatte Bundeskanzler Konrad Adenauer als Geschenk eine Schale und zwei Leuchter aus einem besseren Haushaltsgeschäft dabei. Der Schah Reza Pahlavi überreichte dem deutschen Kanzler im Gegenzug kostbare Intarsien aus Holz und Elfenbein und einen Seidenteppich. Den Unterschied dieser beiden Geschenke begriff Konrad Adenauer sofort und ihm war klar, dass diese Peinlichkeit ausgebügelt werden musste. Er hängte sich ans Telefon und bestellte beim niedersächsischen Staatsgestüt zwei Pferde, einen Wallach für den Schah und eine edle Stute für die Kaiserin Soraya, die auch umgehend mit einer amerikanischen Militärmaschine herbeigeflogen wurden. Der Schah, ein höflicher Mann, hatte die Schale und die Leuchter angenommen, ohne sich etwas anmerken zu lassen, aber nun war er gezwungen, das absolut unpassende Geschenk zurückzuweisen: Kein Perser, der etwas auf sich hält, reitet ein seiner Männlichkeit beraubtes Pferd, und der Schah schon gar nicht. Ein Hengst muss es sein, alles andere ist unter der Würde eines echten persischen Mannes.

Staatsgeschenke zu machen ist noch schwieriger, als seine Freunde zu beschenken. Falsche Geschenke können zu diplomatischen Verwicklungen führen, Wirtschaftsbeziehungen im Keim ersticken, Kriege auslösen. Meist hat der Schenkende das Geschenk gar nicht selbst ausgesucht und selten kennt er die Person persönlich, der er es im Namen seines Landes oder seiner Institution überreicht. Berater, Diplomaten und der Protokollchef vom Auswärtigen Amt haben vorher erforscht, ob das Geschenk auch den kulturellen Gepflogenheiten des Gastlandes beziehungsweise der Staatsräson entspricht – so nimmt zum Beispiel die Bundesrepublik Deutschland schon lange keine Pandabären oder geschnitzte Landschaften aus Elfenbein mehr entgegen.

Ob man ein großes Geschenk macht, wie Marcus Antonius der Königin Kleopatra, nämlich die Landesteile Kreta, Phönizien, Syrien, oder ein kleines, wie der Generalsekretär Erich Honecker, der dem Bundeskanzler Helmut Schmidt 1981 zum Abschied auf dem Güstrower Bahnhof ein Hustenbonbon für die Fahrt reichte – die Geste muss stimmen. Denn anders als bei Geschenken unter Freunden werden einem Fehlgriffe noch Jahrhunderte nachgetragen.

Вас приветствует
Институт кибернетики
Академии Наук УССР
г. Киев 1978 г.

Diesen Roboter schenkte
1978 das Kybernetische
Institut der Akademie der
Wissenschaften der UdSSR
dem Staatsratsvorsitzen-
den Erich Honecker.

Deutsches Historisches Museum, Berlin

Schenken wie im Märchen:
Putin brachte Gerhard
Schröder aus Russland ein
goldenes, mit Diamanten
besetztes Weinset und
Pelze für seine Frau und
Tochter mit.

Bis ans Ende der Menschheit werden die passenden oder unpassenden Präsente ausgestellt, beziehungsweise die Fotos archiviert, auf denen der Moment festgehalten ist, an dem man sie überreichte. Manche Staatsmänner hindert dieser Umstand allerdings nicht daran, merkwürdige und wenig staatsmännische Geschenke zu machen.

Für diese Fälle hat auch die Bundesrepublik einen Keller, in dem ungeliebte Gaben aufbewahrt werden, die sogenannte »Schreckenskammer«. Highlight nach Meinung aller Kenner dieses Geschenkdepots ist ein Roboterhund, das Lieblingsmitbringsel eines japanischen Regierungschefs: Wird der Plastikhund gestreichelt, bellt er die Nationalhymne des Gastlandes.

Alles, was unter Staaten verschenkt wird, wird zum Symbol. Selbst harmlose Geschenke bekommen aus staatsmännischen Händen eine ungewollte Note. So kann man seinem netten Nachbarn die lang ersehnte Maulwurfabschussanlage für seinen Schrebergarten schenken, aber wenn der ehemalige Bundeskanzler Gerhard Schröder dem ehemaligen US-Präsidenten George W. Bush eine Motorsäge überreicht, bekommt das den Charakter einer Waffenlieferung.

Auch hier wäre wieder einmal die weisere Lösung: lieber nichts als unpassend. Wie unter einer Lupe wird der Charakterzug, der den Staatsmann oder die Staatsfrau ausgerechnet zu diesem Präsent greifen ließ, vergrößert und strahlt ab auf die gesamte, vollkommen unschuldige Nation. Aus der Eitelkeit eines Staatschefs wird ein selbstherrliches Volk, die Knickrigkeit einer Königin lässt einen an die Raffgier ihrer Landeskinder denken, aus der Geste eines Großkotz wird ein Lebensstil der Reichen seines Landes.

Besonders rufschädigend war das Geschenk eines Gastes an die Ministerpräsidentin Heide Simonis, der aus gutem Grund hier nicht näher genannt werden darf. Der Landesvertreter schenkte ihr ein goldenes Collier, welches sie natürlich nicht behalten durfte und daher nach einer angemessenen Frist verkaufen wollte, um den Erlös gemeinnützigen Zwecken zuzuführen. Als der Wert des Schmuckstücks geprüft wurde, stellte sich heraus, dass sie gegen keinerlei Vorschriften verstoßen hätte, wenn sie es mit nach Hause genommen hätte: Das Collier war gefälscht.

Um keine Missverständnisse aufkommen zu lassen, schenkt die Bundesrepublik stets verhalten und bescheiden. Niemals werden Pelze, Perlen und Geschmeide verteilt (weder echte noch gefälschte), und auch, wenn andere Landesvertreter Kamele aus Gold (Saudi Arabien) oder kostbare Araberhengste (Ägypten) überreichen – nie lässt man sich dazu hinreißen, andere Nationen zu übertrumpfen. Lieber gilt man in der Welt als zu kleinlich als zu großspurig.

Ist ein Staatsgeschenk unter 25 Euro wert, dürfen es die Minister oder der Bundeskanzler, bzw. die Bundeskanzlerin, selbst behalten.

Helmut Kohls Elefantensammlung befindet sich zurzeit im Keller des Deutschen Historischen Museums. In den vielen Kartons soll sich auch das legendäre »Honecker-Telefon« befinden, also die direkte Verbindung vom ehemaligen Bundeskanzler zum Staatsratsvorsitzenden Honecker. Doch leider scheint es zwischen all den Elefanten verloren gegangen zu sein.

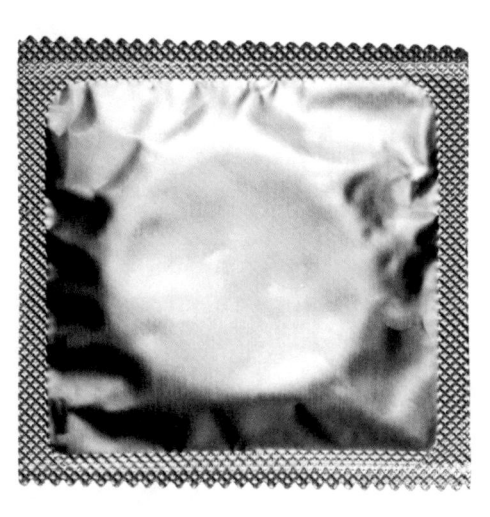

Lieber Nützliches als Dekoratives schenkt der finnische Staat: In Finnland bekommt jedes Elternpaar ein Paket mit Babykleidung, Stilleinlagen und Kondomen. Mit den Kondomen sollen die Bürger darauf aufmerksam gemacht werden, dass eine Frau nach der Entbindung gleich wieder schwanger werden kann. Damit sich auch William und Kate dessen bewusst sind, schickten ihnen die Finnen vor der Geburt ihres ersten Kindes ebenfalls ein Elternpaket.

In weiser Voraussicht und um einander nicht in Verlegenheit zu bringen, verzichtete man beim Besuch des Generalsekretärs Erich Honecker 1987 in Bonn sogar ganz auf Staatsgeschenke. Keine Geschenke können nicht missverstanden werden.

Das optimale Staatsgeschenk ist übrigens ein Elefant. Dieser ist auf dem Staatsparkett das, was unter Freunden die Flasche Wein oder der Blumenstrauß ist. Mit einem Elefanten kann man nichts falsch machen, denn er kommt immer gut an: Im Jahr 801 schenkte der Kalif Hārūn ar-Raschīd dem fränkischen Kaiser Karl dem Großen einen Elefanten und als er die Stadt Aachen erreichte, liefen sämtliche Einwohner herbei, um Abul Abbas, so der Name des Tieres, zu begrüßen. Papst Leo der X. bekam zu seiner Wahl 1514 ebenfalls einen, nämlich von König Emanuel dem I. von Portugal. Zur Begrüßung bespritzte Elefant Hanno Leo den X. mit Wasser, was den Papst derart entzückte, dass er ihn auf der Stelle zu seinem Lieblingstier erkor. 1972 bekam Jugoslawiens Herrscher Josip Broz Tito von der indischen Premierministerin Indira Gandhi zwei Elefanten geschenkt und auch der ehemalige Bundeskanzler Helmut Schmidt bekam zu seinem 80. Geburtstag einen von einem ihrer Nachfolger.

Um diese Verlegenheitsgeste in andere Bahnen zu lenken, legte sich Helmut Kohl eine Elefantensammlung zu. Am Ende seiner Amtszeit umfasste sie ungefähr tausend Figuren.

→
Teller, Geschenk vom Bür-
germeister von Washington
D. C. an Helmut Schmidt,
1977

↗
Hut, Geschenk an Helmut
Kohl aus Borneo, 1997

→
Muschelschale mit Umriss
Bahrains, Geschenk vom
Bahrainischen König an
Angela Merkel, 2008

↓
Cowboy, Geschenk vom
Ministerpräsidenten der ka-
nadischen Provinz Alberta
an Helmut Schmidt, 1977

↓↓
Schlüssel der Stadt Tokio,
Geschenk an Konrad
Adenauer, 1960

↘
Duftstoffsortiment,
Geschenk des Premier-
ministers von Kuwait an
Angela Merkel, 2006

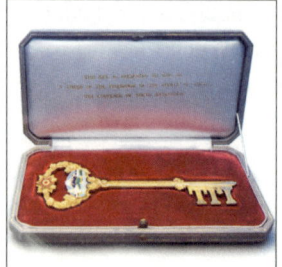

Wer sich zu einer Führung
durch das Bundeskanzler-
amt anmeldet, kommt auch
an den Vitrinen vorbei, in
denen eine Auswahl typi-
scher und besonderer
Geschenke an die Bundes-
kanzler ausgestellt sind.

Am schönsten aber schenkt der schwedische Staat. Der nämlich schenkte seiner berühmtesten Kinderbuchautorin Astrid Lindgren zu ihrem 80. Geburtstag ein Tierschutzgesetz: die Lex Lindgren, das zu diesem Zeitpunkt strengste Tierschutzgesetz der Welt. Und auch wenn nicht alles drinstand, wofür die tierliebende Schriftstellerin gekämpft hat – die Geste hat gestimmt.

KAPITEL 12

Wegwerfen oder eBay?

Intelligentes Geschenkerecycling

Die Kunst des Schenkens liegt darin, einem Menschen etwas zu geben, was er verkaufen kann.

Abgewandeltes Zitat von
Alan Alexander Milne

Erst Geschenk – dann Insektenhotel: Diesen Ameisenbären bekam Maria S. von ihrer Tochter geschenkt, nun ist er in den Berliner Prinzessinnengärten ein gut besuchtes Insektenhotel.

Im August 1975 stiegen wir in Hannover in den Orientexpress. In Istanbul ange-
kommen, nahmen wir einen Bus nach Ankara, von dort ging es mit dem Zug weiter
nach Teheran. Die Reise dauerte sieben Tage und sechs Nächte, doch es gab
keine Alternative, denn meine Mutter litt an unbezwingbarer Flugangst und wir
hatten der iranischen Verwandtschaft versprochen, ihr meine kleine Schwester
vorzustellen.

Ihren ersten Geburtstag feierte meine Schwester in Teheran. Die ganze Familie
kam in dem Festsaal zusammen, den man extra für diesen Anlass gemietet
hatte. Schafe waren geschlachtet worden, eine Band spielte und jeder brachte
ein Geschenk mit.

Aus Geschenken wurde ein Geschenkeberg. Ein Berg aus so vielen Geschenken,
wie ich und meine Schwester sie nicht an hundert Geburts- und Feiertagen
von unseren Eltern bekommen hätten. Geschenke, mit denen sich die Spielzeug-
abteilung eines Kaufhauses bestücken ließe. Geschenke, die ich niemals an
diesem Abend für meine Schwester würde auspacken können.

Am Tag unserer Abfahrt brachte man uns und die Geschenke zum Teheraner
Hauptbahnhof. Meine Onkel und Tanten halfen meinem Vater, die Geschenke in
unserem Abteil und im Gang zu verstauen. Der Zug fuhr los, wir winkten, mein
Vater weinte.

Kaum war der Zug aus Teheran herausgefahren, öffnete meine Mutter das Abteilfenster, nahm ein Paket mit roter Schleife von einem der Stapel auf den Sitzen
und warf es hinaus. Gleich darauf zerrte sie an einer der großen Plastiktüten in
der Gepäckablage. Mein Vater und ich starrten sie an.

»Spinnst du?«, fragte mein Vater entsetzt.

Meine Mutter hielt die Plastiktüte aus dem Fenster und drehte sie mit der Öff-
nung nach unten.

»Bist du verrückt geworden?«, schrie mein Vater.

»Nein«, antwortete meine Mutter und strich die leere Tüte glatt. »Verrückt ist die
Idee deiner Geschwister, dass wir das ganze Zeug nach Deutschland mitnehmen
sollen.«

Sie zeigte auf einen Karton, der zu meinen Füßen stand. »Steh auf, Rebecca, und
hilf mir.«

Ich nahm einen Teddy, der zuoberst lag, und stellte mich ans Fenster. Der Zug fuhr nicht besonders schnell, die kargen Hügel am Horizont schienen sich kaum zu bewegen. Kinder standen an der Bahnstrecke und winkten den Fahrenden zu, mein Haar flatterte im Wind, ich streckte die Hand mit dem Teddy aus dem Fenster. Kaum begann ich den Griff leicht zu lockern, wurde er durch den Fahrtwind fortgerissen. Der Teddy flog durch die Luft und wurde zu einem kleinen Punkt, ich konnte nur vermuten, dass er von einem der Kinder aufgefangen wurde. Meine Mutter drückte mir eine rosa Plastikbadewanne in die Hand, in der Puppen und Kuscheltiere lagen. Ich warf die Puppen und Tiere aus dem Fenster, dann hielt ich ihr die leere Wanne entgegen. »Die auch«, sagte meine Mutter, »aber vorsichtig.«

Ich bekam Tüten und Kartons gereicht; ich warf große und kleine Pakete aus dem Zug, einen Fußball, ein Karnevalskostüm, Kinderbücher, einen ganzen Zoo aus Gummitieren, Plastiktrompeten und eine gelbe Schwimmente, ich warf, bis mein Arm müde wurde. Immer andere Kinder sprangen nach den Geburtstagsgeschenken meiner Schwester, doch in dem Moment, in dem sie sie auffingen, waren sie schon aus meinem Blickfeld verschwunden.

Am Schluss blieb ein riesiger Plüschesel übrig, er war so groß, dass er nicht durchs Abteilfenster passte, wir würden ihn mit nach Hannover nehmen müssen. Ich umarmte den Esel und wollte meinen Kopf auf seinem Rücken ablegen, doch schon zerrte meine Mutter an einem seiner Beine.

»Den will ich aber behalten!«, protestierte ich.

»Kommt nicht infrage«, sagte meine Mutter und riss mir den Esel aus den Armen. Er blieb im Abteilfenster stecken.

»Siehst du«, sagte ich.

»Zurück bekommen wir ihn aber auch nicht mehr«, triumphierte meine Mutter. Zwei Männer aus dem Nachbarabteil mussten helfen, das Plüschtier nach draußen zu drücken. Kurz bevor er in die Landschaft geschleudert wurde, platzte der Esel. Die weißen Styroporkugeln an meiner Kleidung, in meinen Haaren und in meinem Kinderrucksack waren die einzige Erinnerung an die Geschenkeflut, mit der uns unsere iranische Verwandtschaft überschüttet hatte. Der Verlust blieb abstrakt, da ich noch nicht einmal hatte einschätzen können, was wir beinahe besessen hätten.

Darf man Geschenke, die man nicht haben will, einfach wegwerfen oder weiterverschenken? So lautet eine häufig gestellte Frage an sogenannte Knigge-
Experten. Tatsächlich haben nicht wenige unpassend Beschenkte das Gefühl,
dass sie quasi die Beziehung in den Müll werfen, wenn sie ein Geschenk ent-
sorgen.

Selbst der hässlichste Gegenstand scheint sich nämlich, ob man will oder nicht,
mit der Seele des Schenkenden aufzuladen. Plötzlich wird heilig, wonach man
sich normalerweise nicht einmal bücken würde, läge der Gegenstand vor einem
auf der Straße.

Das Geschenk wird zur Reliquie und man selbst zum Wächter all dessen, was
dem Schenkenden heilig ist. Man kann nicht sagen, dass einem ein derart
heiliger Gegenstand wirklich gehören würde, vielmehr gehört dem geschenkten
Gegenstand nun ein Platz in der Wohnung, beziehungsweise im eigenen Leben.
Ob dem Geschenk dieser gebührende Platz auch eingeräumt wird, wird von den
Schenkenden genau kontrolliert. Will heißen, sie schauen von Zeit zu Zeit vorbei
und überprüfen, ob ihr Geschenk auch in der Vitrine oder auf dem Regal steht,
an der Wand oder am Körper hängt.

Manche Menschen entwickeln ein kompliziertes System, um den Ansprüchen
all derer, von denen sie das Pech hatten, irgendwann einmal beschenkt worden
zu sein, gerecht zu werden. Sie lagern die Gaben in Kisten und Kartons in ihren
Kellern, jede einzelne von ihnen sorgfältig beschriftet, sodass sie bei Erscheinen der eigentlichen Eigentümer aus dem Keller geholt und gut sichtbar in der
Wohnung platziert werden können.

Für ein paar Euro kauft sich ein Mensch das Recht, unser ausgefeiltes Wohnungsdesign im Bauhaus-Stil zu entwerten.

So opfern sie ihr ästhetisches Empfinden und die Freiheit auf eigene Lebensgestaltung auf dem Beziehungsaltar. Abergläubisch fürchten sie, dass aus dem Haus geschaffte Geschenke in Geisterform zurückkehren und mit ihren unsichtbaren Schatten das Verhältnis zu ihren Mitmenschen verdunkeln werden. Diese negative Wirkung wird offensichtlich als belastender für die Beziehung eingeschätzt als die eigenen Wutgefühle, die beim Anblick der geschenkten Scheußlichkeiten immer wieder neu entfacht werden.

Die Aktion meiner Mutter im Zug von Teheran nach Ankara war eine Radikalkur gegen diesen Aberglauben. Sie machte mir deutlich, dass man sich von belastenden Dingen befreien kann, ohne dass die Strafe auf dem Fuß folgt. Hilfreich war sicher in unserem Fall, dass nicht zu erwarten war, dass je einer der großzügigen Spender nach Hannover kommen würde, um nachzuprüfen, ob wir sein Geschenk gebührend durch fröhliches Spielen würdigten.

Wie tief die Überzeugung kollektiv verankert ist, dass man ein Geschenk unbedingt behalten muss, auch wenn man es nicht braucht, zeigt die Reaktion auf den Fund eines Antiquars. Er entdeckte bei sich in der Buchhandlung ein Buch, das dem früheren Bundeskanzler Willy Brandt geschenkt worden war, und informierte die Medien. Was folgte, war zu erwarten: Von allen Seiten wurde die herzlose Buchentsorgung Willy Brandts kritisiert. Dabei ist es ein Akt der Freiheit und der Souveränität, findet auch der Philosoph Markus Melchers, offen zu sagen, wenn man ein Geschenk blöd findet. Man kann sogar mit Fug und Recht behaupten, dass man sich ein Geschenk erst in dem Moment aneignet, in dem man es weggibt.

Was passiert eigentlich, wenn wir einander endlich gestehen, dass wir auf die meisten Geschenke durchaus verzichten können? Dass unser »Das wär' doch nicht nötig gewesen« nicht als Höflichkeitsfloskel gemeint ist?
Als eine Kollegin aus der Agentur letztes Weihnachten von ihren Großeltern ein komplettes Kohlkopf-Teeservice geschenkt bekam, bat sie diese, ihr in Zukunft nichts mehr zu schenken. Darauf die Großeltern: »Wenn du so undankbar bist, schenken wir dir nie wieder was!«

Wer noch nicht so weit ist, ungeliebte Geschenke gleich von Anfang an zurückzuweisen, sollte sich wenigstens von seinem schlechten Gewissen befreien, wenn er sie hinterher entsorgt.

Eine beliebte Form des Geschenkerecyclings ist das Weiterverschenken. Hierbei ist zu beachten, dass man nicht ausgerechnet den Freund der Freundin mit dem ungewollten Präsent beglückt, von der man das Geschenk erhalten hat. Auch darf man das Geschenk nicht an jemanden weitergeben, der anwesend war, als man es auswickelte. Weiterverschenken ist also gar nicht so einfach und bedarf eines ausgezeichneten Gedächtnisses.

Selten von Erfolg gekrönt ist die Geschenkevernichtung durch angebliche Ungeschicklichkeit: Ich habe einmal ein Mini-Porzellanschiff aus Usedom geschenkt bekommen und weil ich es so hässlich fand, warf ich es in den Müll. Ein Jahr später war derjenige, der es mir geschenkt hatte, zu Besuch und fragte nach seinem Geschenk. Ich musste ihm gestehen, dass es mir runtergefallen sei, mit dem Ergebnis, dass ich eine Woche nach seiner Abreise ein Paket mit einem neuen Usedom-Schiffchen erhielt.

Das kann ich ja auf eBay verkaufen – so trösten sich viele unglücklich Beschenkte. Und von dem Geld kaufe ich mir, was ich möchte. In der Praxis ist es aber so, dass Geschenke, die man selbst nicht haben möchte, auch kein anderer will. Nach der Versteigerung darf man wegen zwei eingenommenen Euro in einen Schreibwarenladen rennen, Paket und Polstermaterial kaufen, zu Hause den Schnapsdackel einpacken und anschließend das Paket zur Post bringen. Eine Woche später erhält man vom Käufer eine Mail mit dem Vorwurf, dass der Schnapsdackel gar nicht so neuwertig aussähe, wie man ihn beschrieben habe, und er daher sein Geld zurückfordere.

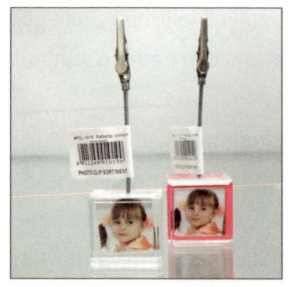

Niemand will einen Schmuckständer oder einen Fotocliphalter haben, aber es fällt leichter, diese in eine Mülltonne zu werfen, wenn man sie nicht selbst geschenkt bekommen hat.

Die einfachste Lösung ist immer noch, man stellt nach und nach alles, was man nicht mehr haben will, auf die Briefkästen in den Hausflur. Nachbarn können merkwürdigerweise alles gebrauchen und über den Zustand der geschenkten Dinge beschweren sie sich auch selten.

Es ist ein modernes Rätsel, dass eigentlich keiner Geschenke will, aber alle andauernd etwas geschenkt bekommen. Doch was früher ein Tabu war, darf heute wenigstens unter Freunden offen angesprochen werden, und so sind sogenannte Wichtelpartys zu festen Events nach Weihnachten geworden. Der Sinn dieser Partys besteht nicht etwa darin, dass sich unter den Freunden jemand findet, der das, was man nicht will, richtig gut gebrauchen könnte, sondern dass man den eigenen Geschenkeschrott gegen eine fremde Scheußlichkeit eintauscht. Bei fremden Scheußlichkeiten hat man nämlich deutlich weniger Hemmungen, sie wegzuwerfen.

In den USA ist man mal wieder ein Stück weiter. Bald wird es dort auch Selbsthilfegruppen für Menschen geben, die nicht damit fertigwerden, dass sie ihre Hochzeitsgeschenke am internationalen Weiterverschenk-Tag weiterverschenkt haben.

Inzwischen veranstalten ganze Gemeinden um Neujahr herum Wichtel- und Geschenketauschpartys. In den USA gibt es gar eine Initiative, die einen weltweiten Weiterverschenk-Tag einführen will. Als Datum schlägt sie den dritten Donnerstag im Dezember vor – so könne man die ungeliebten Gaben vom letzten Jahr auf einer der vielen Weihnachtsfeiern in den Betrieben, Schulen und Kirchengemeinden wieder loswerden.

Welche Ausmaße das Problem der unpassenden Geschenke angenommen hat, lässt sich also nicht nur an der Existenz von Internetportalen wie eBay, netcycler.de, alles-und-umsonst.de und geschenketausch.net ablesen, sondern auch an der Popularität von Wichtelpartys, Hofflohmärkten und Umsonst-Boxen.

Manche Tauschbörsen werben damit, dass das Weitergeben von nicht benötigten Dingen ein Beitrag zum Umweltschutz sei, wobei sich die Frage stellt, ob das Nichtproduzieren einer aufblasbaren Titanic und das Nichtabholen eben dieser mit dem Auto nicht umweltverträglicher gewesen wäre.

Wenn Sie solche und ähnliche Überlegungen oft genug in der Gegenwart Ihrer Freunde anstellen, erwerben Sie sich den Ruf eines absoluten Spaßverderbers – die beste Voraussetzung, um in Zukunft weniger beschenkt zu werden.

Was bringt man statt guter Laune mit?

Schenken und schenken lassen

Schenken heißt für mich, einen Menschen zu streicheln. Also bringt man entweder gar nichts mit oder etwas, was sich sehen lassen kann.

Fritz J. Raddatz,
Im Interview mit
Sven Michaelsen

Immer mehr Frauen und Männer haben es satt, sich für Scheußlichkeiten zu bedanken. Und weil sie ihre Gegengeschenke natürlich um einiges sorgfältiger aussuchen als ihre Mitmenschen, ist die Angelegenheit für sie ein doppeltes Verlustgeschäft. Manche wünschen sich daher zum Geburtstag, dass man ihnen nichts mehr schenkt, dafür aber das gesparte Geld an Waisenkinder spendet. Nun hat der Schenkende das schlechte Gewissen, weil ihm klar wird, dass die Summe, die er für den Freund oder die Freundin hätte ausgeben wollen, in Afrika kaum drei Tage zum Überleben reicht, wie er dem Infozettel neben der Spendenbox entnimmt.

Eigentlich sollte man es seinen Freunden überlassen, für wen und für was sie ihr Geld ausgeben. Man kann aber das Schlimmste verhindern, wenn man sich an folgende vier wichtige Regeln des Beschenktwerdens hält:

Sich dringend benötigte Gebrauchsgegenstände nicht selbst kaufen, sondern rechtzeitig als Geschenk bei Freunden und Familienmitgliedern bestellen.

Bei schrecklichen Geschenken gleich sagen, dass sie einem nicht gefallen, sonst gibt es bei der nächsten Gelegenheit noch mehr davon.

Nicht brauchbare Geschenke bei eBay verkaufen ist Notwehr und somit erlaubt.

Verzicht ist Verzicht: Wer absolut keine Geschenke möchte, sollte keinen Anspruch auf das »gesparte« Geld der Gäste in Form von Spenden erheben.

Wer schenkt, kann viel falsch machen. Aber niemand kann sich damit heraus-reden, dass er es gut gemeint hat und nicht habe ahnen können, dass sein Präsent beim Empfänger kein Entzücken auslöst. Auch beim Schenken muss man die Folgen seines Handelns bedenken.

Wie man aber an den vielen Beispielen sehen kann, die wir im Buch zusammen-getragen haben, legen die meisten Schenkenden eine hemmungslose Verant-wortungslosigkeit an den Tag. Das liegt daran, dass sie glauben, dass Schenken per se eine gute Tat sei; Geben ist seliger denn Nehmen, heißt es in der Bibel. Ein fataler Irrtum. Kein Geschenk belastet so sehr wie ein absolut unpassendes. Es gibt jedoch Mittel und Wege, die schlimmsten Geschenkirrtümer zu verhin-dern, indem man zum Beispiel die fünf Regeln des zweckmäßigen Schenkens befolgt:

Bei Gelegenheiten kaufen, nicht zu Anlässen.

Fragen, was die zu beschenkende Person haben möchte, und genau das besorgen, was sie sich gewünscht hat.

Nichts Selbstgebasteltes verschenken, außer man ist Designer.

Niemals etwas schenken, womit der andere seinen Körper und/oder seine Persönlichkeit an bestehende Normen anpassen kann.

Im Zweifelsfall lieber nichts als ein Verlegenheitsgeschenk.

Nichtschenken ist ein Paradigmenwechsel. Probieren Sie es aus! Schenken Sie nichts und gehören Sie zur Avantgarde. Manch einer wird im ersten Moment über-rascht sein, wenn Sie kein Geschenk dabeihaben, aber am Ende werden Sie ein gern gesehener Gast sein, denn Sie haben allen Schenkenden etwas voraus: Sie erwarten selbstverständlich kein Dankeschön für die Scheußlichkeiten, die Sie nicht mitgebracht haben.

Rebecca Niazi-Shahabi und Oliver Sperl haben sich nach der Recherche für dieses Buch geschworen, einander nie wieder etwas zu schenken.

Wenn es sich wirklich nicht mehr vermeiden lässt:
Geschenkpapier zum Selberbasteln

2,4 Milliarden Euro im Jahr geben die Deutschen aus, um ihre viel zu vielen Präsente einzuwickeln. Ganze Urwälder werden abgeholzt, nur damit der Beschenkte nicht gleich sieht, was ihm wieder für eine Scheußlichkeit überreicht wird. Machen Sie diesen Irrsinn nicht mit, behalten Sie Ihr Geld und basteln Sie sich bei Bedarf Ihr Geschenkpapier aus den Musterseiten zwischen den Kapiteln dieses Buches.

Bögen einfach aus dem Buch trennen und beliebig zusammenkleben:
Beispiel für Geschenkpapierbogen (Bögen 13 und 2) im Format 25,8 x 21,5 cm

Beispiel für Geschenkpapierbogen (Bögen 3, 4, 7 und 8) im Format 43,0 x 25,8 cm

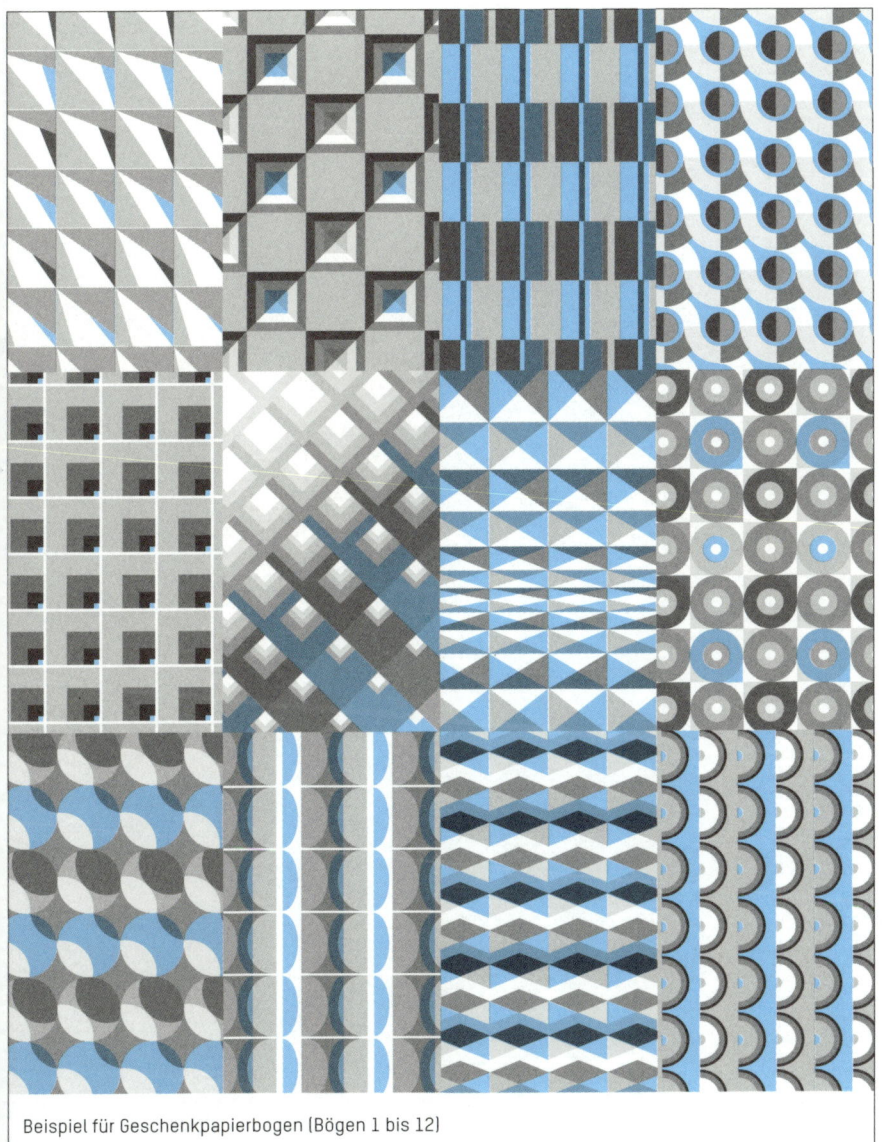

Beispiel für Geschenkpapierbogen (Bögen 1 bis 12)
im Format 51,6 x 86,0 cm

BILDNACHWEIS

Canufactum/www.monobee.de:
Kuschelerdbeere, S. 149

Deutsches Historisches Museum, Berlin:
S. 193, 195

Disney Company und St. Martin's Press, 1982:
S. 121

ECEAE APPROVED:
Trademark of Cruelty Free International, a programme
run in Europe by the ECEAE, S. 153

Eckhard Enkel: Edeka Anzeige »Thüringer Mett«:
S. 106

Fotolia:
Eulen, S. 24 © Ilyanatty – Fotolia.com, lalouetto © Fotolia.com
Marienkäfer, S. 44 © Lois Clark – Fotolia.com
Edelstein, S. 46 © everythingpossible – Fotolia.com
Salz- und Pfefferstreuer, S. 72 © uma – Fotolia.com, mahan – Fotolia.com
Klopapierschutz, S. 140 © dispicture – Fotolia.com
Kastanienmännchen, S. 140 © Katharina Neuwirth – Fotolia.com
Praline, S. 150 © phetopher – Fotolia.com
Signets, S. 153 © guukaa – Fotolia.com
Silberfigur, S. 162 © Dario Lo Presti – Fotolia.com
Reisegutschein, S. 182 © VRD
Pelze, S. 196 © Moonrun – Fotolia.com
Kondom, S. 199 © donatas 1205 – Fotolia.com

Hakakian, Roya:
CIA-Salzstreuer, S. 72

Image courtesy of Joshua Berger, Foto: Dan Kvitka:
World-Trade-Center-Tasche, S. 172

iStock:
Schokolade, S. 69 © iStock.com

Osipova, Yelena:
Armenien, S. 171

Pressestelle des Bundekanzleramts:
Staatsgeschenke, S. 200, 201

SWAROVSKI:
Disney – Micky Zauberer, Limitierte Ausgabe
2014 von SWAROVSKI, S. 43

van Vuuren, Matt (www.reformatt.com):
Niederlande, Japan, Sri Lanka, S. 170, 171

Werkbundarchiv – Museum der Dinge:
Tasse, S. 31
Tasse, S. 45
Salz- und Pfefferstreuer (ebenso Umschlag), S. 72
Holzschild, S. 137
Schaukelstuhl, S. 140
Schatulle, S. 162
Vase, S. 163
Holzschild Lindau, S. 166
Muschelschatulle, S. 166
Flaschenöffner, S. 167

ZITATNACHWEIS

DANKE

Liebe Freunde, wir danken herzlich für eure Unterstützung!

Camilla Altvater
Ulrike Barth-Musil
Christine Behnke
Alice und Simon Bourmad
Christoph Eyrich
Oliver Geyer
Angela Gsell
Karin Hofmann
Merry Kane
Caroline Labusch
Stephen Lapaz
Clara und Alma Lindenburger
Marianne Lohan
Marc Malkwitz
Tons May
Silke Morgenroth
Jörn Morisse
Mac Mueller
Hellmuth Obrig
Sibylle Öllerich
Simone Papler
Silvia Pohling
Anke Schneider
Helga Sperl
Jonas Vogler
Matthias Wittig

Außerdem möchten wir uns bei den Mitarbeitern des Piper Verlages bedanken, bei Imke Volkers, der Kuratorin des Werkbundarchiv – Museum der Dinge und Herrn Brücher von der Pressestelle des Bundeskanzleramts.